云南省交通投资建设集团有限公司科技创新项目《基于云南省高速公路的“互联共享”一体化运管体制机制研究》(项目编号 YCIC-YF-2021-16)
云南公路联网收费管理有限公司《云南省高速公路一体化运营体制机制研究项目》(合同编号 LWGS-QF-2022-166)

高速公路“互联共享”一体化运营管理

——云南交投集团探索与实践

邝思芹　段明磊　李金凤◎编著

中国铁道出版社有限公司
CHINA RAILWAY PUBLISHING HOUSE CO., LTD.

内 容 简 介

本书在系统分析高速公路行业发展趋势的基础上，总结提炼了高速公路运营管理模式及典型实践案例。针对云南省交通投资建设集团有限公司(简称云南交投集团)运营管理体制机制现状及问题，提出运营管理改革思路、变革内容、可选路径、保障措施及相关建议。以此为基础，提出了云南省高速公路“互联共享”一体化运营管理展望的相关思考和建议，为推动全省路网一体化运营管理提供研究基础。

全书包括高速公路运营管理模式探索与实践、云南交投集团运营管理体系现状分析、云南交投集团运营管理业务组织现状分析、云南交投集团一体化运营管理变革分析、高速公路“互联共享”一体化运营管理展望研究等内容。

本书适合作为各级交通运输行业主管部门、高速公路经营管理单位、科研机构等相关人员的参考书，也可作为大中专院校相关专业的案例分析教材。

图书在版编目(CIP)数据

高速公路“互联共享”一体化运营管理：云南交投集团探索与实践/邝思芹，段明磊，李金凤编著. —北京：中国铁道出版社有限公司，2024. 7
ISBN 978-7-113-30772-1

Ⅰ. ①高… Ⅱ. ①邝…②段…③李… Ⅲ. ①高速公路-交通运输企业-运营管理-云南 Ⅳ. ①F542. 874

中国国家版本馆 CIP 数据核字(2023)第 235943 号

书　　名： 高速公路“互联共享”一体化运营管理——云南交投集团探索与实践
作　　者： 邝思芹　段明磊　李金凤

策　　划： 李中宝　　　**编辑部电话：** (010)83527746
责任编辑： 李中宝
封面设计： 刘　颖
责任校对： 刘　畅
责任印制： 樊启鹏

出版发行： 中国铁道出版社有限公司(100054，北京市西城区右安门西街 8 号)
网　　址： https://www.tdpress.com/51eds/
印　　刷： 北京铭成印刷有限公司
版　　次： 2024 年 7 月第 1 版　2024 年 7 月第 1 次印刷
开　　本： 787 mm×1 092 mm 1/16　**印张：** 6. 25　**字数：** 149 千
书　　号： ISBN 978-7-113-30772-1
定　　价： 58. 00 元

前　言

云南省交通投资建设集团有限公司是以原云南省公路开发投资有限公司为基础，于2017年经云南省人民政府批准成立的省属国有大型企业，是云南省综合交通体系建设主力军、云南省综合交通投融资主平台、云南省综合交通全产业链经营主实体。

云南交投集团肩负着为公众提供安全快速便捷的通行服务、为国家经营好国有资产、为投资人取得合理回报的三重使命。随着全省高速公路网络基本完善，基础设施逐步走出集中建设的高峰期，云南交投集团高速公路主业将从"建设与运营并重"向"运营为主、建设为辅"转变。因此，探索和研究云南交投集团运营管理体制机制、提高运营养护管理板块的治理能力，是促进云南交投集团未来可持续发展的务实举措。推动全省高速公路实现"互联共享"的一体化运管，是整体提高高速公路路网服务质量、整合提升交通路网资产效益、推进产业链动态协同发展、促进运营管理降本增效的重要途径，也是助力云南省高速公路行业突破发展瓶颈、实现高质量发展的有力保障。

本书基于云南省交通投资建设集团有限公司科技创新项目《基于云南省高速公路的"互联共享"一体化运营体制机制研究》（项目编号 YCIC-YF-2021-16）、云南公路联网收费管理有限公司《云南省高速公路一体化运营体制机制研究项目》（合同编号 LWGS-QF-2022-166）研究成果，从运营管理、联网收费、养护管理、路网运行、服务区经营等方面的实践案例入手，系统总结提炼了高速公路运营管理板块的管理模式。结合国企改革的有关要求，针对云南交投集团运营管理现状及问题，创新性地提出了重构运营管理体系、整合运营管理业务、优化运营管理机制三个层次的系统改革方案，构建运营管理板块各项业务协同发展、促进降本增效的运营管理模式。此外，创新性地提出云南省高速公路"互联共享"一体化运营管理展望，积极探索全省高速公路一体化运营管理模式，为全省路网一体化运营管理提供研究基础和可行路径。

本书在编撰过程中，突出实用性，注重实践操作，通过大量案例总结高速公路运营管理模式；注重综合性，将运营管理的联网收费、养护管理、路网运行、服务区管理统筹考虑，构建形成运营管理协同发展体系；注重创新性，结合我国高速公路发展前景，积极探索云南省高速公路"互联共享"一体化运营管理，为统一全省高速公路运营管理、打造省级高速公路运营管理平台积累经验。

本书由邝思芹、段明磊、李金凤共同编著，邝思芹负责整体思路框架的确定和统稿。具体分工如下：邝思芹编著第一章、第五章及第六章；段明磊编著第二章；李金凤编著第三章、第四章。

本书在编著过程中参阅了福建省、河南省、山东省、贵州省、广东省、浙江省、辽宁省、江苏省、四川省、河北省、广西壮族自治区、重庆市、上海市、新疆维吾尔自治区、山西省、陕西省、湖北省、安徽省、江西省等高速公路运营管理单位相关资料，在此表示衷心的感谢！本书的疏漏之处在所难免，真诚地希望得到各界人士的批评指正。

编著者

2024 年 1 月

目　录

第一章 概论

自1988年沪嘉高速公路通车以来，作为重要的基础交通设施，高速公路一直受到国家的重点关注与支持，投资额逐年增长，设施规模不断增加，截至2023年底，全国公路总里程达到544.1万km，其中高速公路18.4万km。以国家高速公路为主体的高速公路网络已经覆盖了98.8%的城区、人口20万以上城市及地级行政中心，连接了全国约88%的县级行政区和约95%的人口。质量优良、运行良好的高速公路基础设施网络已基本形成，为经济社会高质量发展和交通强国建设提供了重要的基础支撑作用。

第一节 我国高速公路运营管理趋势

随着高速公路建设布局日趋完善，我国高速公路运营管理呈现出以下新趋势。

一、高速公路行业管理步入新阶段

高速公路里程规模保持增长态势，但建设强度逐步下降。2010年、2015年、2020年全国高速公路总规模分别达到7.41万km、12.35万km和16.1万km，“十二五”期间年均增长率约为10.76%，“十三五”期间年均增长率约为5.45%。按照国家《“十四五”现代综合交通运输体系发展规划》，到2025年，全国高速公路总规模将达到19万km，预计“十四五”期间年均增长率为3.37%。高速公路基础设施建设整体呈现下降趋势，建设浪潮逐渐趋于平缓。根据国家《公路“十四五”发展规划》，“十四五”时期我国高速公路建设仍将以中西部地区为重心，加快国家高速公路待贯通路段建设，持续推进国家高速公路繁忙通道扩容改造，积极完善城市群都市圈快速网络，稳步推进重大战略性通道建设，同时提出要合理引导地方高速公路建设，合理把控高速公路规模和建设节奏。

我国高速公路运营养护需求逐步上升，进入建设与运维并重的发展阶段。根据交通运输行业发展统计公报，2010—2022年，全国高速公路固定资产投资从6 862.2亿元增长到16 262亿元，年均增长约783亿元，对应的高速公路网络规模不断攀升，形成了大量的交通优质资产。未来高速公路建设步伐将明显放缓，高速公路建设运营主体的收费公路主业融资空间也随之被压缩。同时,我国公路交通流量持续增长,高速公路的使用更加频繁,前期建设的高速公路也陆续进入到大规模的维修养护阶段。因此,高速公路运营养护需求快速上升,核心任务是充分发挥好、经营好高速公路存量资产的效益,保障公路网稳定畅通运转。《全国收费公路统计公报》显示,全国收费公路运营管理和养护支出逐年增加。为确保高速公路网良好运行,需要持续、稳定、大量的资金投入。

二、高速公路运营管理显现区域一体化的发展趋势

国务院国有资产监督管理委员会(简称国务院国资委)力推的国企专业化整合重组,同类企业整合在未来一段时间仍是行业发展的主要趋势。从全国情况看,不同高速公路投资运营主体整合一体化发展的趋势日趋明显,山东、陕西、四川等省份已完成高速公路企业的重组整合,"大运营"协同管理体系在逐步调整优化。此外,福建、山西、浙江等省份也在推进省级统筹、省域高速公路集中统一管理的模式。通过将区域内高速公路主要经营实体重组整合,组建专业运营公司,将分散在不同高速公路经营公司的优质设备、高级人才、先进经验、大数据储备进行统筹使用,结合公路线网特征实现力量再布局、资源再整合、流程再优化,实现高速公路运营养护的专业化发展,有效促进社会效益和经济效益双提升。

三、"大运营"协同管理体系市场化进程加快

国务院国资委明确新一轮改革重点是提高国有企业核心竞争力,就要围绕"一利五率"目标管理体系,更好地发挥考核指挥棒作用,加强精益管理,提高运行效率,努力实现质的有效提升和量的合理增长。全国高速公路体制机制改革、"一张网"运行,对高速公路运营管理提出新要求,加之受收费权益到期、通行费率下降以及养护市场化改革影响,高速公路运营企业普遍面临较大的资金压力,"大运营"协同管理体系的市场化进程将进一步加快。《全国收费公路统计公报》数据显示,全国收费公路单位公里运营管理和养护成本逐年增长,"十三五"末期较"十二五"末期增长了19%;但单位公里通行费收入增长幅度放缓,"十三五"末期较"十二五"末期降低了6%左右。各地区普遍通过体制机制改革优化机构设置,提高人员使用效率,减少机构和人员冗余,营造竞争拼搏的内部发展环境,增强企业内生发展动力。同时,大多数高速公路企业都集中在本省(区)内进行相应的高速公路业务布局,而随着省内高速公路网的不断完善,省内市场份额的天花板效应逐步显现,为了实现企业的可持续发展,高速公路企业纷纷选择"走出去"的策略,参与到其他省份的高速公路业务中,例如招商公路开展高速公路运营集成系统业务等,行业长期以来的地域壁垒正在被打破。

第二节　云南省一体化运营管理研究的启示与意义

"十四五"时期,云南省高速公路发展到网络化互联互通发展新阶段,出行需求将由"保基本、兜底线"向"悦其行、畅其流"转变,提质增效和高质量发展要求更加迫切。

一、现实条件

1. 云南省高速公路网规模不断增长

"十三五"期间，云南省以推进县域高速公路"能通全通""互联互通"工程为重要抓手，推动全省综合交通运输发展实现了从"基本缓解"到"基本适应"的重大转变。截至2023年底，全省高速公路通车里程达到10 466 km，约是2012年的3.4倍，位居全国第二，实现全省129个县(市、区)中的124个通高速公路，高速公路规模性问题逐步缓解。云南省人民政府办公厅印发的《云南省"十四五"综合交通运输发展规划》显示，"十四五"期间云南省还将持续推进高速公路建设，到2025年，高速公路建成通车总里程确保达到1.3万km、力争达到1.5万km，高速公路网布局将更加完善，网络化效益不断提升。云南省高速公路已从过去的"线状运行"发展到"网络化运行"的新阶段，迫切需要打破行政分割和管理分散的局面，强化"一张网"运营管理，提高可持续发展能力。

2. 大通道服务能力不断提升

云南省已经成为全国高速公路第二大省，仅次于广东省，其高速公路网络具有显著的规模优势。2015—2020年，高速公路从4 005 km增长到9 006 km，年均增长1 000 km左右，近三年云南省高速公路里程增长趋势放缓。未来，云南省高速公路行业将逐步从大规模建设转向大规模运营维护，因此在运营管理上将面临较大压力与更高要求。目前，云南省正在高位谋划推进大通道建设，稳定交通基础设施投资，提升交通运输行业中长期供给能力，形成供需互促共进的良性循环。因此，云南省应探索全省高速公路一体化运营管理，创新运营管理模式，提升运营管理水平，推进统一、规范的集中管理，统筹优势资源，充分发挥高速公路的对外窗口作用，推动云南省从交通大省迈向交通强省。

3. 全省高速公路一体化运营基础良好

统一高速公路的运营管理涉及公路、桥梁和隧道养护，人员管理，公路机电运维，安全生产，服务区、广告牌和加油站等路域经济运营，以及收费业务、路产维护、优质文明服务、大件运输、路域环境绿美提升、防灾救灾、应急抢险等多方面的内容。交通运输部和云南省委、省政府、省交通运输厅已就相关方面制定了统一的规范标准及技术规程。

高速公路联网收费方面，根据深化全省高速公路联网收费管理体制改革相关要求，经云南省人民政府批准，云南省交通运输厅授权云南公路联网收费管理有限公司(简称联网公司)作为全省高速公路联网收费运营服务主体，承担运营管理辖区内高速公路联网收费中心、ETC发行及售后服务工作，实现了收费密钥、收费软件运维规则、监督考核、ETC发行及收费稽查的统一管理。

高速公路运营管理养护方面，从路基路面、桥梁隧道、三大系统到沿线标志标牌的维护和管理，国家均有相应技术规范，对于重要设施(特大桥、特长隧道等)已建立相应的实时动态监控系统。

同时，云南省近年持续开展高速公路服务区整治提升工作，出台了《高速公路服务设施设计规范》(DB 53/T 2011—2015)、《云南省高速公路服务设施营运服务管理规范(试行)》(云交管养〔2017〕32号)、《云南省高等级公路服务设施监督管理办法》《云南省高等级公路服务质量考核办法》(云政发〔2017〕27号)等一系列管理规范标准和制度，全省高速公路运营管理已逐步形成统一的标准和规范。

总体来看,云南省已形成多个运营管理平台,全省运营管理、收费、养护、管理的省级标准基本规范统一,为全省高速公路一体化运营奠定了良好基础。

二、存在问题

云南省采取的“多方投资、分散建设”的模式,有效调动了央企、省企、地方国企等各类社会资本积极参与云南省高速公路建设发展,形成了“谁投资、谁建设、谁管理”的多元投资、分散管理的体制,为前期推动云南省高速公路加快建设发挥了重要作用。但随着全省高速公路通车里程的快速增长,分散管理的弊端日益显现。

1. 行业管理难度大

云南省高速公路运营管理共涉及103个经营单位,运营管理参与主体多、协调环节多、管理要求落实不均衡、运营服务效率不高的问题突出。云南省高速公路运营管理属于分散化管理,基本上是“一路一公司”或按照投融资主体不同“分而治之”。这一模式使得各路段条块分割、一路多制,各单位或实体根据自己的利益行使管理权,带来了管理分割和行业监管弱化的局面。行业管理层面,各个公路运营主体的运营管理标准或要求各不相同,没有实现全省高速公路运营管理“一盘棋”,不利于提高整个高速公路行业的管理水平。企业执行层面,对行业政策落实的力度不一,有的企业会及时开展政策的落实执行,有的会拖延执行不利于自身的政策,导致一些政策在全省范围内的执行落实情况难以统一。

截至2021年底,云南省共有收费高速公路9 314 km,其中政府还贷高速公路为158.557 km,仅占云南省高速公路总里程的1.7%。与全国省级高速公路一体化运营程度比较高的山西、福建等省份有所不同。截至2021年底,山西省共有高速公路5 717.3 km,其中政府还贷高速公路4 380.8 km,占山西省高速公路总里程的74%;福建省共有高速公路5 794.8 km,其中政府还贷高速公路4 758.5 km,占福建省高速公路总里程的82.6%。因此,云南省高速公路运营管理以经营性高速公路为主,难以由政府牵头统一运营管理。

2. 管理模式不统一

云南省高速公路投资建设运营主要采取股权合作等多种方式,有103个收费公路经营公司,且采用分段建设方式,甚至在高速公路的某一个路段中存在多个不同的管理主体,呈现多元化投资主体、多元化企业经营的特点。各个管理主体应急处置的组织方式、应对措施与处置能力各不相同。近些年来,恶劣天气和自然灾害频发,高速公路运营管理中突发事件较多,有的单位应急处置能力不足,全局意识不到位,不能够很好地理解高速公路的公益性属性,运营思维和管理方式上往往局限于本路段本单位局部利益,在应对重特大突发事件中难以形成合力,不能充分体现高速公路“以人民为中心”的服务宗旨。

3. 综合效益不高

2019年至2021年《云南省收费公路统计公报》显示,云南省收费公路运营支出逐年增加,分别为21.4亿元、22.9亿元、30.2亿元,占各年支出总额比重从3.6%提升至4.2%。主要原因就是新开通路段的高速公路运营管理单位往往要重新探索起步,需要投入大量的人力、物力和财力,组建管理队伍、培训员工、购置设备,进行高速公路的收费、养护和服务区管理等,这种重复投资造成了一定的资源浪费,不利于提高高速公路资源配置水平,不利于降低高速公路运营管理成本和投资主体运营管理期间的风险。另一方面,不同经营管理单位的运营管理水平不均衡,不能实现"一张网"专业化运营管理,会导致同一段路的运营管理、服务水平不一致,会对高速公路的通行能力和服务水平产生较大影响,一些具有管理优势的高速公路经营管理单位不能有效地输出标准化、规范化的管理经验,降低了整个高速公路管理行业的管理水平和用户满意度,不能充分发挥其辐射和带动作用,导致管理效率不高。

三、重要意义

1. 有利于助力大通道建设

云南省高速公路规模比较优势明显,推进集中统一、规范标准的运营管理,有利于提升大通道服务能力和运行质量,助力云南省加快建设面向南亚、东南亚的辐射中心。截至2023年底,云南省高速公路已通达96%的县(市、区),推进统一模式的运营管理,有利于充分发挥高速公路门户、窗口作用,构建云南省各地区民族特色、地方特产、旅游资源联动的大平台,助力云南省各民族团结进步、共同富裕。高速公路是云南省绿美交通建设的先行领域,推进资源集成、管理集约的运营管理,有利于一体提升"大美云南、美在路上"的风貌、推动发展碳汇经济、打造绿色经济廊道,助力云南省成为全国生态文明建设排头兵。

2. 有利于促进行业转型升级

云南省高速公路发展从"基本适应"迈向"提质增效",从补齐总量短板的"大建设"阶段逐步转向提升大通道质量、保障通畅便捷的"大运营"阶段。但在分散管理模式下,不利于整合高速公路资源,不利于发挥高速公路资源综合集约效益。同时,路网资源是云南省资源禀赋的重要组成部分,是壮大资源经济、口岸经济、园区经济的基础条件,也是发展数字经济的重要载体。通过推进高速公路省域一体化运营管理,既有利于整合高速公路资源、提升社会效益和经济效益,也有利于提升大通道服务大物流、支撑大产业的能力。

3. 有利于提高安全保障能力

高速公路是经济社会发展重要的基础设施,道路交通安全是"平安云南"建设的重点领域。分散管理在应对重特大突发事件中不能形成合力,很大程度上影响了高速公路的对外形象。通过推进高速公路省域一体化运营管理,有利于推进构建路网集中调度、一体保障、高效联动、迅速响应的统一管理体系,提高大通道安全保障、应急管理、防灾减灾救灾能力,保障通道安全运行。

4. 有利于应对改革新形势

云南省高速公路运营管理和养护行业不优不强,无序竞争、同质化经营普遍存在,经营效率不高。推进全省一体化运营管理符合深化国企改革的方向,符合全国高速公路"一张网"运行的新要求,也更适应全国公路养护市场化改革的要求,通过全省内部资源整合,推进全省高速公路行业专业化、集约化发展,实现优势资源资本向优势企业集中,更好发挥高速公路综合集约效益。

第二章

高速公路运营管理模式探索与实践

在高速公路运营管理工作实践中，高速公路运营管理的内容主要包括收费管理、养护管理、路网管理、服务区管理、路政管理等方面，其中路政管理由相关政府部门负责，其他由高速公路经营管理企业进行管理。因此，本书仅针对收费管理、养护管理、路网管理、服务区管理展开详细介绍。

第一节　高速公路运营管理模式及典型实践

从31个省、自治区、直辖市高速公路运营管理单位来看，受自身地形地质条件、经济社会发展形势、宏观政策环境等条件的制约和影响，其运营管理模式有着各地的鲜明特色，可分为直属派出机构管理模式、企业化核算管理模式、独立企业运营管理模式三种。

其中：直属派出机构管理模式是指运营管理主体为运营管理单位的下设机构，成本支出和收入由运营管理单位负责；企业化核算管理模式是指运营管理单位对运营管理主体进行企业化经营考核，是直属派出机构管理模式和独立企业运营管理模式之间的过渡阶段；独立企业运营管理模式是指运营管理成本由各集团下设的运营管理子（分）公司承担，采取自负盈亏的方式，情形较为复杂，二级、三级架构均有。31个省、自治区、直辖市运营管理模式总体情况见表2-1。

表2-1　31个省、自治区、直辖市运营管理模式总体情况

省（自治区、直辖市）	直属派出机构管理模式	企业化核算管理模式	独立企业运营管理模式
北京市		√	
天津市			√
河北省		√	
山西省		√	
内蒙古自治区		√	
辽宁省			√

续表

省(自治区、直辖市)	直属派出机构管理模式	企业化核算管理模式	独立企业运营管理模式
吉林省		√	
黑龙江省			√
上海市		√	
江苏省			√
浙江省			√
安徽省			√
福建省		√	
江西省		√	
山东省			√
河南省			√
湖北省			√
湖南省		√	
广东省			√
广西壮族自治区			√
海南省		√	
重庆市		√	
四川省			√
贵州省		√	
云南省	√		
西藏自治区	√		
陕西省		√	
甘肃省			√
青海省			√
宁夏回族自治区			√
新疆维吾尔自治区		√	

一、直属派出机构管理模式

云南交投集团高速公路运营管理属于直属派出机构管理模式。截至 2023 年底，云南交投集团运营管理高速公路 6 290 km，占全省高速公路里程的 60%，各管理处运营管理规模在 140 ~1 190 km 之间，运营管理规模平均值为 539. 725 km，多数集中在 600 km 左右。运营管理方面，建立了集团“统一领导，分级负责”的运营管理体系。主要运营管理体系为“集团(运营管理部)—管理处—管理分处”三个层次，其中运营管理部为集团内设部门，统一负责收费管理、养护管理、应急管理等主要运营管理工作，由 12 个管理处作为集团下设机构，具体负责所辖路段的收费、养护、应急、路产路权等相关工作。

二、企业化核算管理模式

1. 江西省交通投资集团有限责任公司典型实践

江西省交通投资集团有限责任公司(简称江西交投)高速公路运营管理属于模拟企业管理模式。截至2023年底,江西省高速公路通车里程6 742 km,江西交投运营管理高速公路5 790 km,占全省通车里程的86%。2019年10月,江西交投对集团内的板块进行改革优化,在江西公路开发有限责任公司的基础上组建省交通投资集团路网运营管理公司,合署办公,公司不再作为路域资源开发板块的承载主体,主要业务转向集团路网运营的“一盘棋”“一张网”管理。下设赣州、抚州等11个直属路段管理中心,在集团的统一管理下开展具体运营管理工作,实现组织架构统一、预算管理统一、业务标准统一、考核体系统一,并对各中心独立核算。各区域管理中心运营管理里程相对均衡,基本在700~900 km之间,每个中心均有至少一条交通量较大的路段。

2. 福建省高速公路集团有限公司典型实践

福建省高速公路集团有限公司(简称福建高速集团)高速公路运营管理属于企业化核算管理模式。福建高速集团成立于1997年,与福建省高速公路建设总指挥部合署办公,实行“两块牌子、一套人马”,主要负责全省高速公路的规划、前期和建设的协调、指导、监督、服务,以及运营管理工作。福建高速公路建设与运营管理采用“省市合作,建设以市为主,运营全省统一”的管理体制。建设期“以市为主”,由地市组建建设路段公司,具体负责工程建设运营期“全省统一”,均由福建高速集团统一运营管理,全省联网收费、管理政策、服务标准、应急处置“四统一”。

截至2023年底,福建省高速公路通车里程达6 178 km,福建高速集团运营管理里程占全省通车高速公路里程的90%以上。运营管理方面,福建高速集团高速公路运营管理体系为“集团(运营管理部)—运营管理分公司—基层站点”三级运营管理体制。根据行政区域每个地市设立一个运营管理分公司,负责本行政区域内高速公路的运营与管理。另外,福泉高速、罗宁高速分别独立设置运营管理分公司,共有11个区域运营分公司运营集团高速公路,如图2-1所示,运营管理公司下设项目公司、收费所、监控(信息)分中心、养护中心、服务(停车)区等基层单位。联网收费方面,由福建省高速公路联网运营有限公司统一运营。高速公路养护方面,由福建省高速公路养护工程有限公司统一开展。

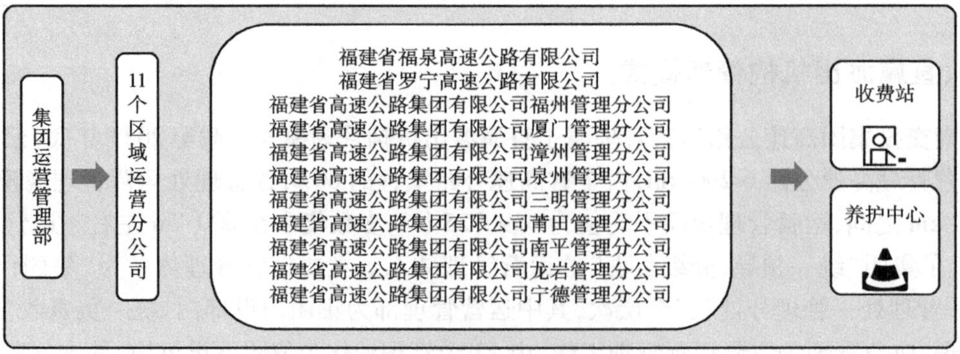

图2-1 福建高速集团运营管理体系

3. 河北高速公路集团有限公司典型实践

河北高速公路集团有限公司(简称河北高速集团)高速公路运营管理属于企业化核算管理模式。河北高速集团前身为河北省高速公路管理局,2019 年改制为国有独资公司,主要运营原由省高管局管理的高速公路项目。截至 2023 年底,河北高速集团下辖 18 个分公司,管理运营高速公路里程 3 831 km,占全省高速公路总里程的 46%。以下属承德分公司为例,2020 年,河北高速集团将承赤等 5 个管理处合并设立承德分公司,管辖高速公路 5 条(段)、666 km。承德分公司下设 10 个内设部室、5 个直属单位、32 个收费站、12 个养护工区、14 个隧道管理站、1 个维修大队、5 个站口秩序维护大队。

4. 贵州高速公路集团有限公司典型实践

贵州高速公路集团有限公司(简称贵州高速集团)高速公路运营管理属于企业化核算管理模式。贵州高速集团的前身为 1986 年 3 月成立的贵州省公路重点工程建设指挥部办公室,1993 年更名为贵州高速公路开发总公司,2013 年 4 月由开发总公司改制为贵州高速公路集团有限公司。截至 2023 年底,贵州高速集团累计建成和营运高速公路 4 208 km,占全省通车总里程的 47.91%。从 2017 年底开始,贵州高速集团运营管理部统一管理,在九个地市分别成立了运营管理主体;至 2020 年 3 月,贵州高速集团的运营管理模式统一调整为运营事业部模式;至 2022 年初,贵州高速集团统一将各运营事业部转为地区营运管理中心,各营运管理中心企业类型为"有限责任公司分公司(国有独资)",如图 2-2 所示。

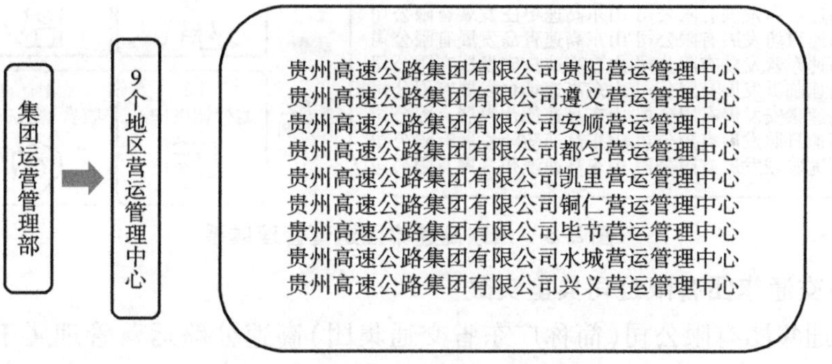

图 2-2　贵州高速集团运营管理体系

5. 上海城投公路投资(集团)有限公司

上海城投公路投资(集团)有限公司(简称上海城投公路集团)高速公路运营管理属于企业化核算管理模式。上海城投公路集团注册资本 453.75 亿元,运营管理高速公路总里程 494 km(其中政府还贷高速公路 197.44 km,经营性高速公路 296.75 km),占全市收费高速公路总里程的 72%,具有较强的区域垄断性。上海城投公路集团本部设有高速运管中心,主要履行城投公路集团所辖高速公路、桥隧设施及其运营管理范围的道路进行日常收费、监控、养护、突发事件处理、路产设施管理等工作,保障城市基础设施建设正常运营和使用,保障安全通行。2023 年,上海城投公路集团对高速运管中心进行企业化改革,城投公路集团高速运管中心和上海城投环城高速建设发展有限公司(简称环城公司)就此形成了"两块牌子,一套班子"的运作模式,高速运管中心主要履行城投公路集团所辖公路市政设施运营管理的职能部门职责，环城公司则受城投公路集团委托，从事相关路段公路市政设施的运行维护、养护维修及服务区管理工作。

三、独立企业运营管理模式

1. 山东高速集团有限公司典型实践

山东高速集团有限公司（简称山东高速集团）高速公路运营管理属于运营管理子公司模式。截至2023年12月底，山东高速集团运营管理高速公路8 745 km，其中省内7 059 km，占全省的84%。山东高速集团拥有6个上市公司、9个控股公司、38个全资子公司。山东高速集团的运营管理体系为“集团—子公司—基层站所”三个层级。下设的山东高速股份有限公司（简称山东高速）为上市公司，具备优质的高速公路资产、规范的治理体系、较高的治理能力、严格的成本管控，是开展运营管理的理想平台，其运营管理路桥总里程2 932 km，其中所辖自有路桥资产里程1 555 km，受托管理的路桥资产里程1 337 km。山东高速集团收费里程约7 000 km，其中山东高速占比约40%左右，除此之外的路段在16个地级市成立对应的区域子公司，共同负责辖区内高速公路的运营管理，如图2-3所示。

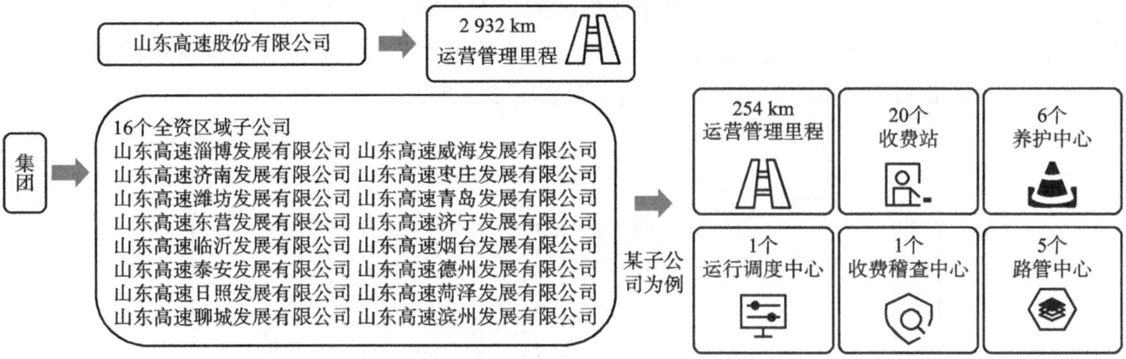

图2-3 山东高速集团运营管理体系

2. 广东省交通集团有限公司典型实践

广东省交通集团有限公司（简称广东省交通集团）高速公路运营管理属于运营管理子公司模式。广东交通集团是在2000年广东省机构改革，实行党政机关与企业脱钩后，按照省委、省政府“粤办发〔2000〕9号”精神组建的大型国有资产授权经营有限责任公司。截至2023年底，广东交通集团投资运营高速公路里程突破8 000 km，占全省通车里程的71%。广东交通集团按照“集团—子公司—路段经营公司”三级管理架构，广东交通集团经营管理部负责集团高速公路主要经营管理业务，如图2-4所示。广东省高速公路有限公司、广东省公路建设有限公司、广东省路桥建设发展有限公司、广东交通实业投资有限公司、广东省高速公路发展股份有限公司、广东省南粤交通投资建设有限公司等六个二级业主单位各自分管部分路段，二级单位又下设路段经营公司，承担路段具体的经营管理任务。路段经营公司采用直线职能型组织结构，500人以下规模，设置综合事务部、计划财务部、收费管理部、养护工程部和路政大队；500人以上规模，增设党群人力资源部；有两座1 000 m以上长隧道或隧道单洞总长超过10 000 m的营运公司，可将收费管理部中机电管理职能分离处理，另行单独设置机电隧道管理部，收费管理部下设若干中心收费站，集中管理相连的多个收费站（点），共享行政和后勤资源。

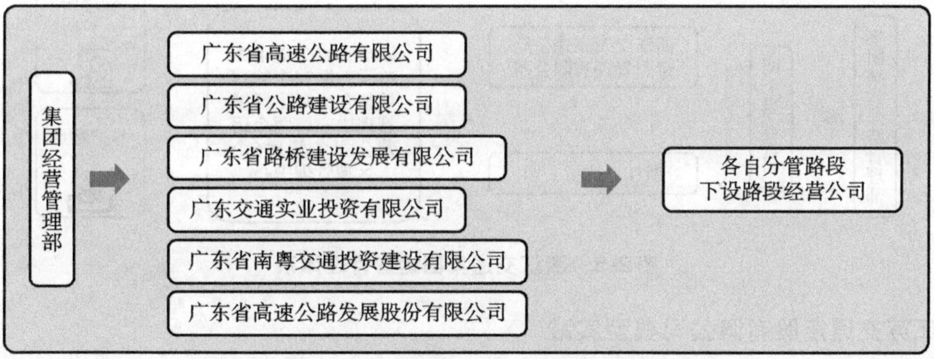

图 2-4 广东省交通集团运营管理体系

3. 浙江省交通投资集团有限公司典型实践

浙江省交通投资集团有限公司(简称浙江交通集团)高速公路运营管理属于运营管理子公司模式。浙江交通集团是根据浙江省政府要求,以原浙江省高等级公路投资有限公司为主体,吸纳省交通运输厅下属其他 4 家直属企业组建而成的省级交通类国有全资公司。浙江交通集团成立后至 2019 年,其间经过多次改革,高速公路管理体制不断优化完善,但仍有一些结构性问题。2020 年,浙江交通集团大力推进高速公路运营管理专业化、集约化、高效化改革。2020 年 8 月,浙江交通集团出台高速公路运营和建设体制改革方案,确立了高速公路板块全新的组织架构和管理模式,如图 2-5 所示。具体而言,在集团层面,做实集团运营中心,成立集团高速公路管理部,统筹高速公路运营服务和建设管理,负责高速公路收费、服务区运营管理、路产保护、道路清障工作,确保畅通;制订集团公路收费、服务区运营管理、路产保护、道路清障等管理制度,负责运营服务的应急管理工作;负责已通车运营公路及沿线附属设施的养护工作,负责绿化、水土保持等工作的规划、监督、检查、考核。在子公司层面,整合杭金衢分公司、金丽温公司运营力量,组建浙江交投高速公路运营管理有限公司(简称浙江高运公司),形成浙江高运公司与浙江沪杭甬高速公路股份有限公司(简称沪杭甬公司)两个术业专攻、各有侧重的专业化管理子公司。在地市层面,浙江交通集团实行董事会授权下的总经理负责制,按照“运营子公司—区域管理中心—基层站所”三级管理架构,区域管理中心以全省 11 个地市为单元,将高速公路运营公司下辖的原 24 个管理处整合为 12 个区域管理中心,两个专业子公司各管理六个区域管理中心,25 个管理处。沪杭甬公司经营管理高速公路 23 条,总里程 2 193 km;浙高运公司托管 19 条高速公路,总里程 1 939 km,下辖 6 个区域管理中心;各区域管理中心下设管理处,管理处设置拯救大队、分中心、营运科、设备科、养护科、综合科,承担道路保畅、收费管理、设备管理的主要工作;路段公司设置对应的营运部、养护部等。其中,管理处的运营分中心承担三个功能,即道路保畅、收费管理、设备管理,和各个科室平级,业务上为各个科室服务。日常管理在运营分中心,人员配置较多。通过改革高速公路板块的组织架构和管理模式,组建运营子公司,整合区域管理中心,为浙江交通集团在各地市洽谈业务、盘活资产、争取政策等方面提供有力支撑,也为强化地方交通建设、服务经济发展保驾护航。

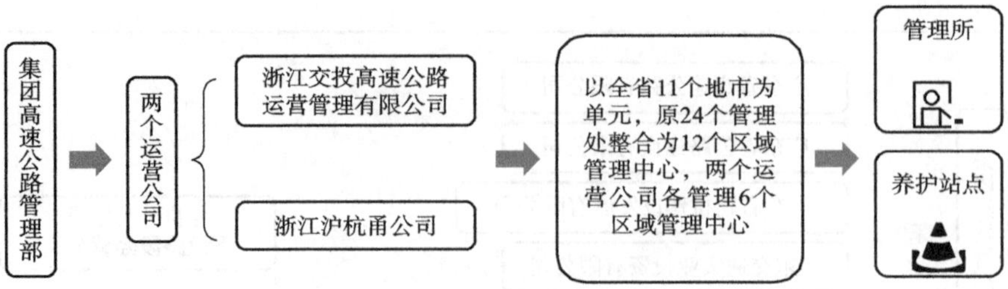

图 2-5　浙江交通集团运营管理体系

4. 江苏交通控股有限公司典型实践

江苏交通控股有限公司(简称江苏交控)高速公路运营管理属于运营管理子公司模式。截至 2023 年底,江苏交控共运营管理高速公路 5 109 km,约占江苏全省高速公路里程的 89% 左右,其中跨江大桥 7 座,收费站 370 个,服务区 101 对,其余主要为南京、苏州和常州等市属国企的高速公路,因此江苏交控一直对省内高速实行大一统的全面管理。江苏交控高速公路运营管理体系为“集团总部—运营子公司—路段管理处”三级管理模式。江苏交控之所以能够采用运营事业部,其抓手在于江苏高速公路联网营运管理有限公司(简称江苏高网)与营运安全事业部合署办公。江苏交控负责高速公路运营管理的部门是营运安全部,2018 年改革为营运安全事业部,是江苏交控最大的部门,同时把江苏高网的七个部门也划到营运安全事业部并行运转。营运安全事业部部长与江苏高网总经理历来是同一人兼任,以促进营运相关业务的管理融合。江苏交控的营运安全事业部主要职责包括全省高速公路联网收费营运管理、全系统安全管理、通行费征收稽查工作、服务区总体发展方案、路网管理、应急管理、路桥营运品牌建设及收费服务标准化和体系建设,研究江苏高速公路营运管理中长期战略规划等工作。运营安全事业部下设四个中心,分别为安全管理中心、稽查管理中心、调度指挥中心、服务区管理中心。营运事业部下设 14 个运营子公司(以原有 20 个路段公司为主合并),各公司运营管理里程在 100 ~ 400 km 之间,其中大部分公司运营里程在 200 km 左右,主要负责所管辖路段收费、养护、清障救援、项目核算等业务,运营公司下设路段管理处。新建高速公路不再成立新的路段公司,由现有 14 个运营子公司负责运营管理。项目建设期成立的项目公司负责融资,建成后直接交给就近已有路段公司经营管理,项目公司(小业主)户头、财务账和公章依然保留,由负责经营的路段公司模拟运转。

5. 辽宁省交通建设投资集团有限责任公司典型实践

辽宁省交通建设投资集团有限责任公司(简称辽宁交投集团)高速公路运营管理属于运营管理总子公司 + 若干子(分)公司模式。辽宁交投集团是经辽宁省委、省政府批准组建的大型国有企业,集团旗下的辽宁省高速公路运营管理有限责任公司(简称辽宁高速运营公司)是全省高速公路收费、运管、养护的唯一平台。辽宁高速运营公司前身为辽宁省高速公路管理局,是辽宁省交通运输厅直属的副厅级事业单位,按照省委、省政府的总体部署,2016 年 7 月正式转制为辽宁省交投集团全资子公司。辽宁高速运营公司运营管理体系按照“公司—路域分公司—基层站所”三级管理架构,下设路域分公司 20 个,如图 2-6 所示。目前,辽宁高速运营公司管辖全省高速公路 25 条,管辖全省高速公路 4 348 km,开通运营收费站 293 个,设置综合管理站 66 处,养护工区 72 处。

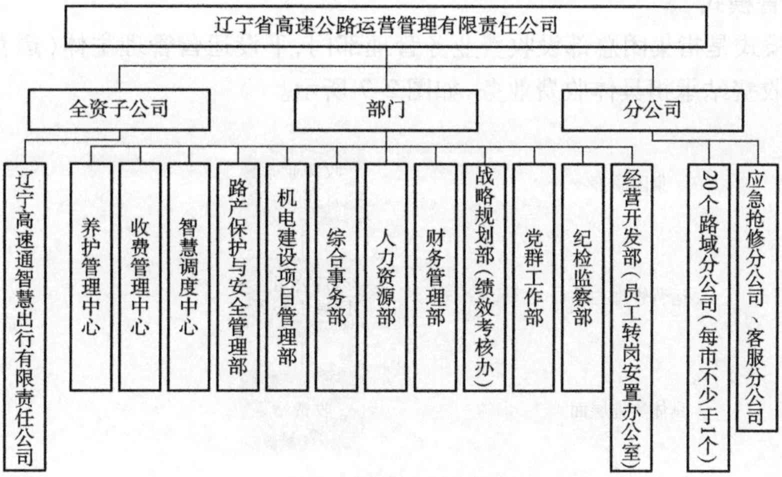

图 2-6 辽宁高速运营公司运营管理体系

6. 蜀道投资集团有限责任公司

蜀道投资集团有限责任公司（简称蜀道集团）高速公路运营管理属于运营管理子公司模式。蜀道集团是重组整合四川省交通投资集团有限责任公司和四川省铁路产业投资集团有限责任公司，通过新设合并方式组建的省属国有企业。截至 2022 年末，蜀道集团已建成通车高速公路 71 条，通车里程共计 6 807. 796 km，覆盖四川省高速公路通车里程的 75% 左右，在建高速公路 33 条，在建高速公路里程 3 598. 35 km；截至 2023 年 12 月底，蜀道集团投资建设运营的高速公路总里程超过 1 万 km，预计到 2025 年高速公路运营里程将超过 12 000 km。蜀道集团高速公路运营管理体系为"集团总部—经营主体—项目公司"三级管理模式，集团总部主要从统筹协调、监督指导、检查考核、目标计划和成本管控等方面进行宏观管理；经营主体贯彻执行上级运营管理相关制度和年度计划，制订企业相应的制度规范、服务标准、考核指标、费用管理等标准规范，负责对项目公司进行业务督导和综合协调；项目公司是高速公路运营管理主体，具体承担所辖路段收费稽查、机电运维、服务区管理、路产管护等相关工作。其中，集团高速公路主要经营主体为四川高速公路建设开发集团有限公司、四川成渝高速公路股份有限公司、四川蜀道高速公路集团有限公司、四川路桥建设集团股份有限公司以及四川藏区高速公路有限责任公司。

第二节 高速公路收费管理模式及典型实践

高速公路收费管理按照管理内容可分为两类：一类是企业收费管理，主要包括收取车辆通行费、票卡管理、堵漏增收、收费稽查及高速公路三大系统管理等；另一类是联网收费清分结算管理，主要包括收费公路车辆通行费的清分结算、通行卡的调拨管理等内容。

一、企业收费管理模式

企业收费管理具体模式综合来看，大致可分为总部直管模式、区域中心分管模式、独立专业收费管理机构模式三种。

1. 总部直管模式

总部直管模式是指集团总部设收费业务管理部门，下设运营管理主体（运营公司、区域中心等），由基层收费站承担具体收费业务，如图 2-7 所示。

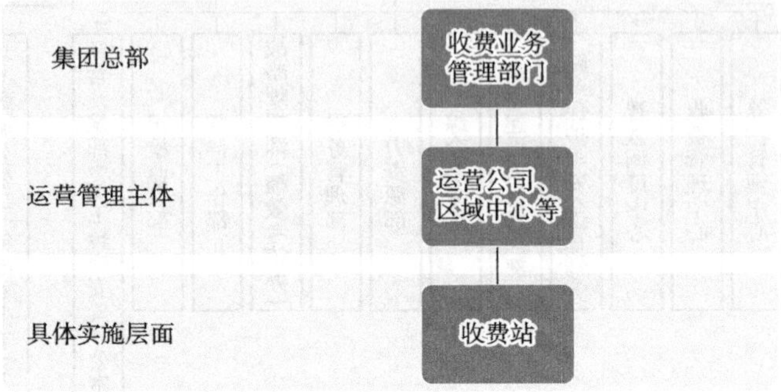

图2-7 总部直管模式示意图

（1）深圳高速公路集团股份有限公司典型实践

深圳高速公路集团股份有限公司（简称深高速）是深圳市第一家香港、上海两地上市企业，以城市及交通基础设施和大环保产业领域的投资、建设及运营管理为主营业务，构建了"收费公路+大环保"双主业格局。截至 2023 年末，深高速收费公路里程近 1 000 km，占全市比例约 90%。集团总部设企业管理部，对运营公司进行宏观管控。下设运营公司负责高速公路运营管理，其设有联网收费管理部、运营质量管理部、路产路政部等部门负责收费、路产路政等业务管理工作。通过中心站+行政站形式对收费业务进行具体实施。

（2）浙江沪杭甬高速公路股份有限公司典型实践

浙江沪杭甬高速公路股份有限公司是浙江交通集团旗下核心成员企业和重要上市平台。截至 2023 年 12 月底，沪杭甬公司合并资产总额超过 2 000 亿元，共运营管理高速公路 2 193 km，约占浙江省高速公路里程的 31%。集团总部设安全监督管理部、营运管理部、养护管理部、机电信息部，分别负责指导所辖道路安全应急、收费、养护管理、机电等营运业务管理。沪杭甬公司共管辖杭州北、绍兴、宁波、嘉兴、湖州、舟山六个管理中心，负责统筹落实区域管理范围内高速公路的专业化运营管理工作。具体现场收费工作由收费站承担。

2. 区域中心分管模式

区域中心分管模式是指集团总部不设专业收费管理部门，由运营管理单位设专业的收费业务部门。运营管理单位下设收费管理中心进行专业收费管理，具体收费工作由基层收费站承担，如图 2-8 所示。

（1）广州交通投资集团有限公司典型实践

广州交通投资集团有限公司（简称广州交投集团）主要从事高速公路、城市快速路等交通基础设施的投资、建设和运营管理。截至 2023 年 12 月底，广州交投集团运营管理高速公路 803 km，约占广州全市高速公路里程的 69%，收费运营总人数约 3 800 人。广州交投集团总部设置 14 个部门，由营运管理部（内设路政所）综合指导所辖道路收费、养护、机电、路政等营运业务管理。目前建立了东部、南部、北部三大营运管理片区，分别由高速运管公司、营运分公司、快速交通公司三家营运分（子）公司管理，相邻的全资路段实行区域化管理；部分路段由多

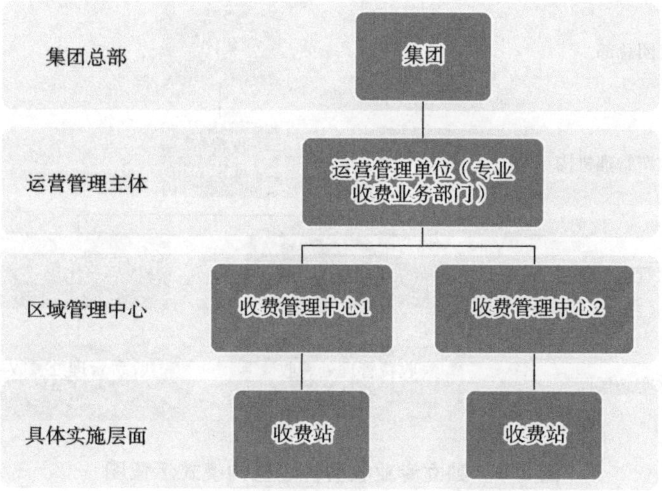

图 2-8　区域中心分管模式示意图

家股东投资建成，部分营运路段分别成立一家营运公司进行管理。运营公司设有收费管理部对收费业务进行管理。各公司下设收费管理中心负责进行专业收费管理。具体收费工作由各基层收费站完成。

(2)重庆高速公路集团有限公司典型实践

重庆高速公路集团有限公司(简称重庆高速集团)为市属公益类重点投融资企业，主要负责全市高速公路和港航基础设施筹融资、建设和经营管理等。截至 2023 年 12 月底，重庆高速集团资产总额 2 251.7 亿元，运营管理高速公路总里程 3 395 km，占全市高速路网总里程的 85%，收费运营总人数 7 000 人。重庆高速集团下设 11 个部门，未设收费运营、养护管理相关部门，由集团下属子公司重庆高速公路路网管理有限公司(简称重庆高速路网公司)全面负责重庆高速公路运营管理。重庆高速路网公司下设收费管理部，负责高速公路营运收费、运行调度、出行服务、清分结算及 ETC 经营服务管理。由路段运营公司负责高速公路收费管理相关事宜，包括三个分公司、16 个全资子公司。路段运营公司下设管理中心负责具体收费管理。具体收费工作由各基层收费站完成。

3. 独立专业收费管理机构模式

独立专业收费管理机构模式是指集团总部不设专业收费管理的业务部门，下设独立的收费管理机构负责全集团收费的专业化管理，各运营单位设专业的收费业务部门负责收费管理，通过收费管理处 + 收费站形式对收费业务进行具体实施，如图 2-9 所示。

江苏交控成立于 2000 年，是江苏重点交通基础设施建设项目省级投融资平台。截至 2023 年 12 月底，江苏交控总资产为 8 945 亿元，共运营管理高速公路 5 109 km 约占江苏全省高速公路里程的 89%，收费运营总人数为 9 000 余人。集团总部设营运事业部，统筹负责全省高速公路联网收费营运管理、指挥调度、收费、应急等业务。集团下设收费、安全、稽查、服务区等四个中心，负责承担收费、安全监管、稽查、服务区等管理职能。14 个运营公司负责所管辖路段收费、养护、清障救援、项目核算。收费管理处、收费站接受各运营公司管理，具体承担收费业务相关工作。

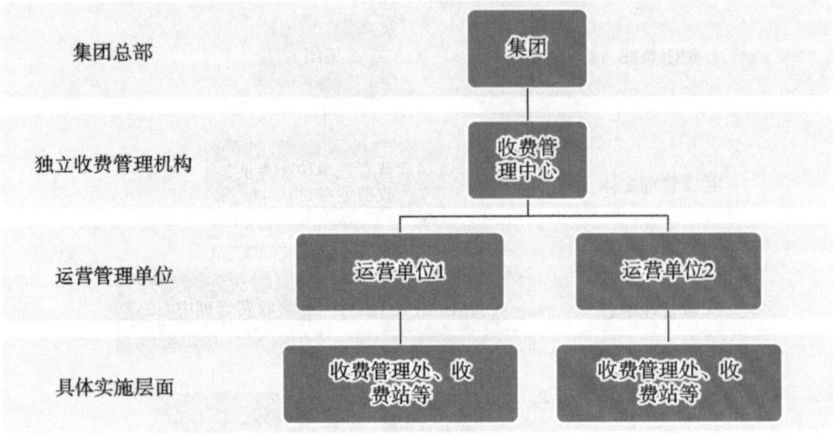

图 2-9　独立专业收费管理机构模式示意图

二、联网收费清分结算模式

联网收费清分结算模式，大致可分为政府为主管理模式、企业为主管理模式和多方合作管理模式三种。31 个省、自治区、直辖市联网收费清分结算模式总体情况见表 2-2。

表 2-2　31 个省、自治区、直辖市联网收费清分结算模式总体情况

省（自治区、直辖市）	政府为主管理模式	企业为主管理模式	多方合作管理模式
北京市		√	
天津市		√	
河北省	√		
山西省		√	
内蒙古自治区	√		
辽宁省		√	
吉林省		√	
黑龙江省	√		
上海市		√	
江苏省		√	
浙江省	√		
安徽省		√	
福建省		√	
江西省	√		
山东省		√	
河南省		√	
湖北省	√		
湖南市	√		
广东省			√
广西壮族自治区	√		

续表

省(自治区、直辖市)	政府为主管理模式	企业为主管理模式	多方合作管理模式
海南省	—	—	—
重庆市			√
四川省	√		
贵州省	√		
云南省		√	
西藏自治区	—	—	—
陕西省	√		
甘肃省	√		
青海省		√	
宁夏回族自治区	√		
新疆维吾尔自治区		√	

1. 政府为主管理模式

(1)浙江省典型实践

浙江省公路与运输管理中心履行高速公路通行费清分结算职责。浙江省公路与运输管理中心是浙江省交通运输厅所属副厅级公益一类事业单位,所需经费由财政全额补助,主要职责有:承担路网运行监测和服务保障工作;承担收费结算工作;承担收费公路收费管理、ETC 管理和服务区管理的具体工作;承担全省高速公路联网运行的技术指导及系统维护工作等。

(2)四川省典型实践

四川省高速公路管理局负责全省高速公路联网收费的行业管理,具体负责联网收费稽核及各运营管理单位的考核、考评等工作,各高速公路经营管理单位负责所辖路段的联网收费管理(蜀道集团成立路网运行中心,开展集团所属路段的路网运行监控、路网收费稽查、路网数据管理等工作);四川智能交通系统管理有限公司(蜀道集团控股)负责为各路段业主提供联网收费车辆通行费清分结算、收费系统及通信系统运行维护等服务工作。

2. 企业为主管理模式

(1)江苏省典型实践

江苏交控作为主任单位牵头成立了高速公路管理委员会管委会,执行机构江苏省高速公路联网营运管理中心(简称联网中心)是管委会成立的独立非营利机构。江苏高网为江苏交控直属二级单位,该公司成立于 2005 年 2 月,是由江苏省 22 家高速公路经营管理单位共同出资设立的非营利性办事机构,履行高速公路通行费清分结算职责,与联网中心为两套牌子一班人马。2008 年 9 月,江苏省在全国率先开创了高速公路“一路三方”联合调度指挥先河,由江苏省公安厅、江苏省交通运输厅和江苏交控联合成立江苏省高速公路调度指挥中心,江苏交控营运事业部与江苏高网合署办公。

(2)云南省高速公路收费管理典型实践

云南省交通投资建设集团有限公司、曲靖市交通建设投资集团有限公司、云南建设基础设施投资股份有限公司共同出资组建云南公路联网收费管理有限公司。联网公司受省交通运输厅委托,具体负责全省清分结算系统、电子收费运营服务系统的建设、管理和升级维护;承担

ETC 全国联网和全省联网收费车辆通行费的清分结算；开展全省 ETC 业务的发行、运营和拓展等工作。

3. 多方合作管理模式

（1）广东省典型实践

广东联合电子服务股份有限公司（简称联合电服公司）于 2002 年 7 月经广东省政府批准成立。联合电服公司由广东省 6 家高速公路经营主体共同出资组建，主要承担广东省收费公路联网结算管理中心和广东省 ETC 发行服务机构职责，统一负责广东省公路联网收费和电子不停车收费的实施。联网收费管理模式方面，联合电服务公司负责全省高速公路联网收费拆分结算和 ETC 发行工作。联网收费管理实施方面，全省高速公路经营管理单位联合成立了行业自律组织“广东省高速公路营运管理协会”，开展联网收费的具体管理工作。

（2）重庆市典型实践

重庆市交通运输委员会设有重庆高速公路运行管理委员会（简称管委会）和重庆高速公路联网收费结算中心。其中，管委会负责在市交通运输委员会的指导下，发挥重庆高速公路路网的统一协调作用。管委会由重庆高速公路集团有限公司、重庆高速公路路网管理有限公司以及全网所有营运管理公司共同出资组建，管委会成员由高速集团领导、路网公司领导和各营运管理公司主要负责人组成。重庆高速公路联网收费结算中心为管委会下设机构，负责重庆市收费公路联网收费、清分结算、收费稽查、收费监测、客户服务、数据管理等业务。重庆高速公路路网管理有限公司（重庆高速公路集团有限公司下属全资子公司）负责组织开展本市收费公路联网收费的联网运营和服务工作。

第三节　高速公路养护管理模式及典型实践

综合高速公路经营管理企业的养护业务承接模式来看，大致可分为全部由外部单位承担、部分自养部分由外部单位承担、所属相关单位承担、所属专业化养护公司承担四种模式。

一、全部由外部单位承担模式

招商局公路网络科技控股股份有限公司京津塘高速分公司负责京津塘高速公路北京段 37.5 km 的运营管理工作。自 2019 年 7 月起，全部养护业务开始实施全部外包模式。

二、部分自养部分由外部单位承担模式

福建高速集团养护管理实行省集团公司、区市管理分公司（路段经营管理单位）二级管理体制。各养护管理单位按照“管养分离”原则，实行自养与市场化养护相结合的养护模式。

三、所属相关单位承担模式

云南交投集团云岭建设有限公司（简称云岭公司）和云南交投集团公路建设有限公司（简称公建公司）两个公路建设公司负责具体承接云南交投集团养护业务。两个建设公司下设养护公司或项目部负责日常养护和养护工程的施工，整体采用“建设公司—养护公司或项目部”两级养护体系。其中，云岭公司养护管理范围集中在滇东北片区、大理片区及临沧片区部分路

段，养护里程约 1 956 km；公建公司养护管理范围集中在滇西、滇南、滇东南部分路段，养护里程约3 180 km。

四、所属专业化养护公司承担模式

1. 浙江省交通投资集团有限公司典型实践

浙江交通集团高速公路养护业务由其养护子公司承担，整体采用“养护子公司—养护公司”的两级养护管理体制。其中，养护管理工作由集团下设二级养护子公司——浙江交工集团股份有限公司负责，下设三个养护子公司负责具体业务，分别为浙江交工高等级公路养护有限公司、浙江顺畅高等级公路养护有限公司、浙江沪杭甬养护工程有限公司。截至 2023 年底，浙江交工集团股份有限公司承养着浙江省内近 80% 的运营高速公路及部分地方各等级道路的养护任务，养护里程近 5 700 km。

2. 江苏交通控股有限公司典型实践

江苏交控的高速公路养护业务由其养护子公司承担，整体采用“养护子公司—分公司—养护基地”的三级养护管理体制。三家养护子公司分别为江苏高速公路工程养护有限公司（简称江苏高速公路工程养护）、江苏东方路桥建设养护有限公司（简称江苏东方路桥建设养护）、江苏现代路桥有限责任公司（简称江苏现代路桥），如图 2-10 所示。目前，江苏高速公路工程养护有限公司承担着江苏北片高速公路路网的养护保障工作，养护里程约 2 100 km；江苏东方路桥建设养护有限公司承担苏北苏中高速公路的路段养护任务和清排障业务，养护里程约 997 km；江苏现代路桥有限责任公司承担苏南六座跨江大桥和 28 条高速公路的养护任务，养护里程约 1 642 km。

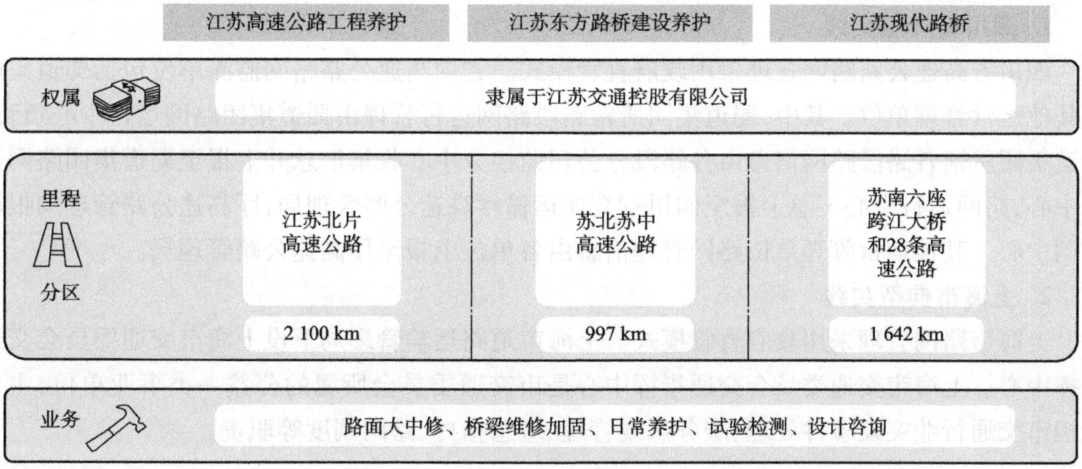

图 2-10　江苏交控养护管理基本情况

3. 山西交通控股集团有限公司典型实践

2019 年，山西交通控股集团有限公司整合集团内部养护资产、资源和业务，采用养护子公司模式，在山西省原高速公路开发有限公司的基础上组建专业化养护集团。具体而言，专业化养护集团下辖 7 个子公司，并在全省高速公路布设 11 个养护生产（应急）基地，整体采用“养护集团—养护子公司—养护生产基地”三级养护管理体系。养护集团的组建不仅扩大了企业规模，增强了企业竞争实力，而且实现了集约化管理，优化了资源配置。

4. 新疆交通投资（集团）有限责任公司典型实践

新疆交通投资（集团）有限责任公司（简称新疆交投集团）养护管理属于养护子公司模式。新疆交投集团通过整合集团内养护子公司及相关养护业务子公司，重组形成新疆新路公路养护集团有限责任公司（简称新路集团），成为新疆养护行业领军的专业化养护公司。2020 年，将新疆交投工程技术发展有限责任公司整合划转到新路集团；2022 年重组整合新疆交投吐哈高速公路有限责任公司（简称吐哈公司）、新疆交投天北高速公路有限责任公司（简称天北公司）、新疆新路公路养护集团有限责任公司三家养护子公司，以及将新疆丝路慧通工程管理服务有限责任公司划转到新路集团。至此，新路集团实现了集“公路养护、公路施工、试验检测、沥青贸易”为一体的多业态的战略布局。截至 2023 年底，新路集团下设吐哈公司、天北公司等四个子公司，两个分公司，形成了“养护集团—子分公司并行—项目部”的三级养护管理体系；养护里程 6 371 km，占新疆高速公路总里程的 85% 左右，养护桥梁 5 486 座，隧道 30 座。

第四节　高速公路路网管理模式及典型实践

综合高速公路路网管理模式来看，大致可分为政府直管模式、以企业为载体管理模式和各方联动管理模式三种。

一、政府直管模式

1. 四川省典型实践

四川省高速公路路网管理采用政府直管模式。省内高速公路路网监测单位包括蜀道集团及其他运营管理单位。其中，蜀道集团所辖路段路网运行管理由蜀道集团路网运行中心负责；蜀道集团所辖各路段路网信息由各路段分公司监控分中心收集汇总并上报至蜀道集团路网运行中心，路网运行中心汇总上报至四川省交通运输厅高速公路管理局，厅高速公路管理局报厅运调中心。其他运营管理单位路网管理信息由各单位上报至厅高速公路管理局。

2. 上海市典型实践

上海市路网管理采用政府直管模式。上海市道路运输管理局下设上海市交通委员会交通指挥中心。上海市交通委员会交通指挥中心是市交通委员会所属的公益一类事业单位，主要承担市交通行业突发事件处理、服务热线管理、应急指挥、路网调度等职责。

二、以企业为载体管理模式

1. 江苏省典型实践

江苏省高速公路路网管理采用以企业为载体管理模式。具体而言，江苏高网履行高速公路路网运行管理职责。该公司是由江苏省 20 家高速公路经营管理单位共同出资设立的非营利性办事机构。江苏全省高速公路联网监控调度业务机构分为三个层次，依次为省调度指挥中心、路段调度指挥中心、路段调度指挥分中心。

2. 广东省典型实践

广东省高速公路路网管理采用以企业为载体管理模式。由广东省交通集团高速公路监控中心(集团经营管理部)履行全省高速公路路网运行管理职责。

三、各方联动管理模式

重庆市高速公路路网管理采用多方联动管理模式。重庆市设有管委会,在市交通运输委员会的指导下,发挥重庆高速公路路网的统一协调作用。管委会由重庆高速公路集团有限公司、重庆高速公路路网管理有限公司以及全网所有营运管理公司共同出资组建。管委会成员由高速集团领导、路网公司领导和各营运公司主要负责人组成。

第五节　高速公路服务区管理模式及典型实践

综合高速公路经营管理企业服务区管理模式来看,大致可分为设立服务区经营开发总公司经营、根据服务区管理业务不同设立不同子公司经营、其他(不设立专门的服务区经营公司)三种模式。下面介绍两种模式。

一、设立服务区经营开发总公司模式

1. 云南省交通投资建设集团有限公司典型实践

云南交投集团高速公路服务区管理属于服务区经营开发总公司模式。云南交投集团经营开发有限公司成立于2015年5月,是云南交投集团全额出资成立的国有独资企业。目前,该公司经营管理着集团所属高速公路的沿线服务区、加油站、充电站等经营性资源业务,涵盖成品油销售、高速公路服务区经营、物流产业发展、新能源开发、公路传媒、园林绿化、交通运输、土地整治等若干项综合业务板块,并由相应子分公司负责具体业务。其中,服务区板块由服务区管理分公司和彩云驿商业管理分公司分别负责。

2. 陕西交通控股集团有限公司典型实践

陕西交通控股集团有限公司(简称陕西交控集团)高速公路服务区管理属于服务区经营开发总公司模式。陕西交控集团下设陕西交控服务管理集团有限公司,该公司目前下辖高速服务公司、交通传媒公司、石油公司及后勤服务公司等公司,管辖102处高速公路服务区和53个停车区,为通行陕西省境内的各类车辆和人员提供全方位的交通服务保障。

二、根据服务区管理业务不同设立子公司模式

1. 湖北交通投资集团有限公司典型实践

湖北交通投资集团有限公司(简称湖北交投集团)高速公路服务区管理属于相应业务子公司模式,分别成立经营公司和服务公司。湖北交投集团下设湖北黄黄高速公路经营有限公司及湖北交投实业发展有限公司,以负责全省的服务区经营管理业务。其中:湖北黄黄高速公路经营有限公司负责经营管理黄黄高速公路及所属的公路附属设施;湖北交投实业发展有限公司负责管理油(气)场站建设、油库运营、成品油批发、成品油零售、加油站收购、加油站品牌与管理输出等业务,所辖全资及控股加油站52座。

2. 安徽省交通控股集团有限公司典型实践

安徽省交通控股集团有限公司(简称安徽交控集团)高速公路服务区管理属于相应业务子公司模式。安徽交控集团下设安徽省高速石化有限公司、安徽高速传媒有限公司、安徽省驿达高速公路服务区经营管理有限公司。其中,安徽省高速石化有限公司负责高速公路服务区加油站成品油、天然气(CNG)/润滑油、沥青、汽车修理、汽车零配件销售、化工产品销售及其他相关业务;安徽高速传媒有限公司拥有高速公路广告的独家经营权,主营业务为高速公路沿线广告资源开发,是从事营销策划、品牌规划、广告策划、创意、代理、管理咨询等综合服务业务的专业化广告公司;安徽省驿达高速公路服务区经营管理有限公司经安徽交控集团授权,在所辖路段高速公路服务区内提供餐饮、便利店、住宿、加油、汽车修理等服务,并对有关业务和资产实施一体化经营管理。

第六节　总体趋势判断

综合来看,我国高速公路的运营管理展现出以高速公路为主体,以扩大规模、专业整合、多元发展为发展路径,致力于实现高速公路行业更大规模、更优效益的发展目标。

一、“大运营”市场化进程进一步加快

新一轮国有企业改革工作正在加快推进,提升企业核心竞争力、推动市场化经营机制、提升企业活力、持续提升成本竞争力成为各省交投集团发展的战略目标。现阶段,各省交投集团将高速公路运营管理作为核心主业,正在积极转变运营管理模式,将运营管理公司作为集团的二级子公司,助力“大运营”市场化进程的加快。整体而言,全国三分之二以上的交投集团均通过成立运营子(分)公司的方式,旨在实现高速公路运营管理专业化、集约化、高效化改革。根据各个企业的特点,运营子公司又分化为投资运营型、运营管理型、区域发展型,主要区别体现在资产属性和职能范畴两个方面。从资产属性看,投资运营型是典型的重资产企业,主要负责运营自有资产,同时也会为企业业主提供委托运营管理服务,收取服务费;运营管理型和区域发展型则以轻资产为主,提供运营管理服务,成本开支主要为人工成本。从职能范畴看,投资运营型涵盖了投资、建设、运营、管理多个产业环节,与集团公司的前身公投司较为相似;运营管理型则聚焦于运营管理环节,类似于物业公司,职能较为单一;区域发展型则以地理范围作为划分依据,一方面承担属地运营管理职能,另一方面作为区域资源开发的主体参与市场竞争,类似于“集团公司管理处 + 区域公司”的结合体,例如山东高速集团在各个地市都设置了区域发展公司,在省外也设置云南发展公司等企业。

二、专业化整合重组的发展趋势日趋明显

现阶段,我国高速公路已逐步从“建设期”向“养护时代”转变,各省交通集团通过将区域内高速公路养护力量重组整合,组建专业养护集团,将分散在不同子公司内养护力量的优质设备、高级人才、先进经验、大数据储备进行统筹使用,以实现养护力量再布局、资源再整合、流程再优化,进而实现高速公路养护的专业化发展。例如,新疆交投集团重组整合内部资源,形成新路集团,成为新疆内养护行业领军的专业化养护公司,实现了集“公路养护、公路施工、试验

检测、沥青贸易”为一体的多业态的战略布局，不但提升了集团养护企业的竞争力、影响力、品牌力，而且更好更快地提升了自治区路网运营服务品质和养护应急保障能力。

三、大力发展多元化产业已成为共识

目前，通行费收入仍是高速公路集团的压舱石，但是随着大数据时代的到来，收费业务的增量空间受到限制，亟须拓展多元化产业，以提高交通企业收入。以陕西交控集团、云南交投集团等为典型代表的省级交投集团为寻找新的业绩增长点，选择高速公路上下游产业链、价值链向上下游拓展，发展多元化业务。以湖北交投集团等为典型代表的省级交投集团提出在“十四五”时期，除高速公路主业及其产业链衍生业务外，积极布局其他多元产业。例如：云南交投集团沿高速公路上下游布局规划设计、物资贸易、交通科技等公路相关业务；湖北交投集团在“十四五”期间大力发展能源、传媒、商业贸易等服务业务。

第三章 云南交投集团运营管理体系现状分析

第一节 云南交投集团总体情况

一、集团简介

云南省交通投资建设集团有限公司是在2006年成立的云南省公路开发投资有限责任公司的基础上，于2017年经云南省人民政府批准整合省交通运输厅划转的有关行业企业组建为云南省交通投资建设集团有限公司，是云南省省属国有企业，是云南综合交通体系建设主力军、云南综合交通投融资主平台、云南综合交通全产业链经营主实体。截至2023年底，云南交投集团内设18个职能部门、5个直属机构，下设12个区域性高速公路管理处，拥有二级重要子公司16个、三级企业194户，如图3-1所示。共有职工1.97万余人，其中管理人员7 865人、生产人员1.18万人。运营管理高速公路6 290 km，占全省通车里程的60.3%，运营管理的高速公路大部分属于全省“七出省、五出境”高速公路网的主骨干路段。产业涵盖了公路、铁路、水运、航空等综合交通的规划设计、投资建设、运营管理、经营开发、物资贸易、交通科技等全产业链领域。

“十三五”期间，完成综合交通产业投资4 126亿元，共承担高速公路建设项目41个，建成高速公路2 460 km，占云南省新增里程的50%，水运投资占全省的80%。

“十四五”时期，云南交投集团将全面贯彻落实“11222”工作体系，强化党建引领，实施数字赋能、科技赋能“双赋能”，强化通道经济和产融结合的“两翼”协同发展，全面提升综合交通“投融建管营”一体化发展能级，拓展相关多元业态发展，力争到“十四五”末成为立足云南、全国领先、全球视野的综合交通产业开发运营商。

云南交投以“开创美好生活新通道”为使命，秉持“诚信、守法、合作、共赢”的经营理念，勇担国企责任，主动融入和服务“一带一路”“交通强国”“面向南亚东南亚辐射中心”建设，致力于建设现代综合交通运输体系，助力经济社会高质量发展。

二、历史沿革

云南交投集团成立于2006年5月25日，经《云南省人民政府关于组建云南省公路开发投

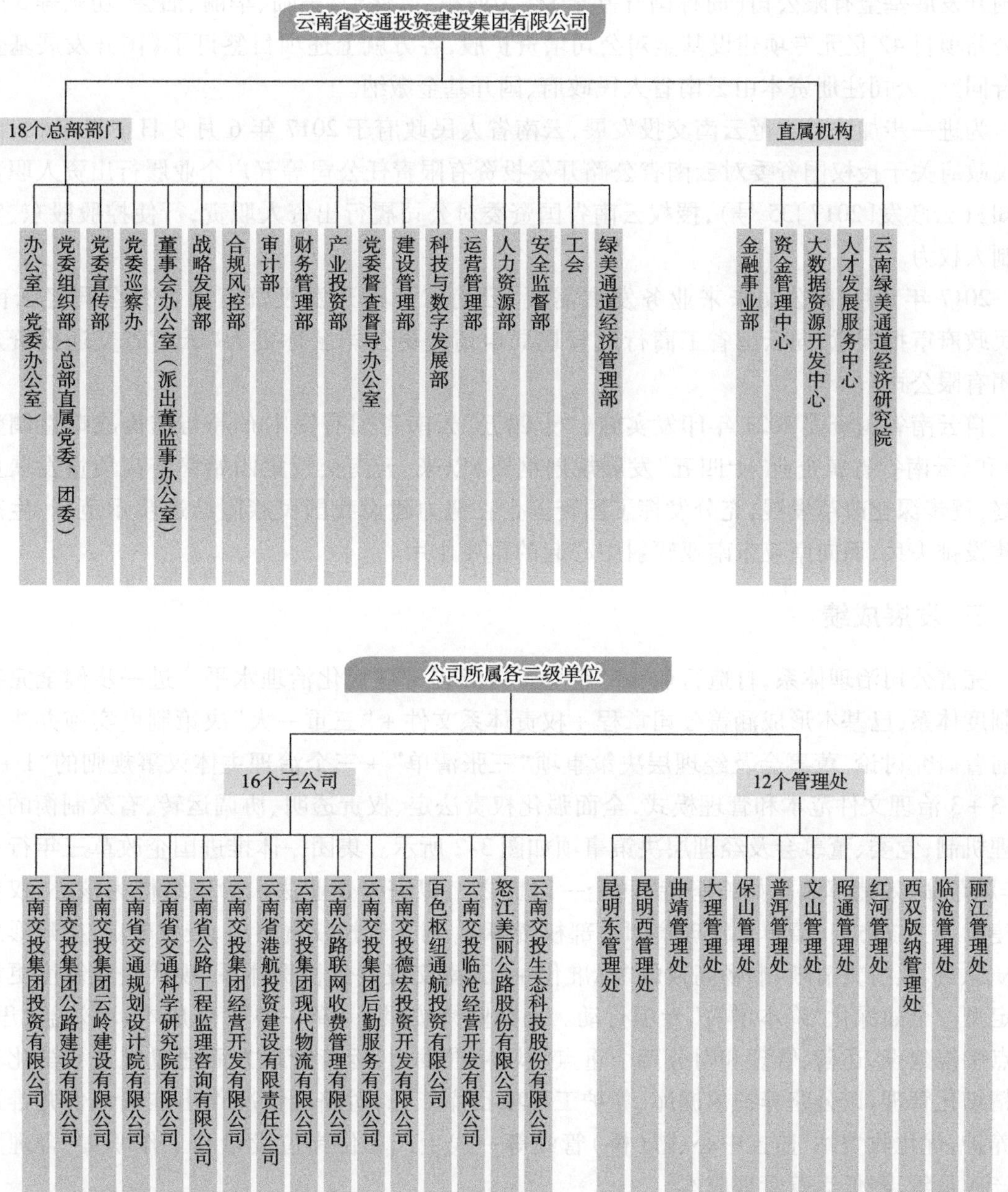

图 3-1 云南交投集团组织架构图

资有限责任公司的决定》（云政发〔2006〕76 号）批准，以国有独资方式设立，云南省交通运输厅为出资人代表。

2008 年 6 月，根据《中共云南省委办公厅云南省人民政府办公厅关于调整完善云南省公路开发投资有限责任公司管理体制的通知》（云厅字〔2008〕3 号），云南省人民政府授权云南省交通运输厅全面履行出资人职责，并行使《公司法》规定的有限责任公司股东会职权。

2016 年 4 月 12 日，根据《云南省人民政府专题会纪要》（32 期）精神，云南省人民政府同意国开发展基金有限公司（简称国开基金）作为股东，以保泸、玉临、华丽、沾会、功东等5个高速公路项目42亿元专项建设基金对公司增资扩股，各方就上述项目签订了《国开发展基金投资合同》。公司注册资本由云南省人民政府、国开基金缴纳。

为进一步加快并规范云南交投发展，云南省人民政府于2017年6月9日下发了《云南省人民政府关于授权国资委对云南省公路开发投资有限责任公司等五户企业履行出资人职责的通知》（云政发〔2017〕35号），授权云南省国资委对公司履行出资人职责，行使控股股东、实际控制人权力。

2017年8月，因公司未来业务发展需要，云南省公路开发投资有限责任公司经云南省人民政府审批同意，向云南省工商行政管理局申请变更公司名称更为“云南省交通投资建设集团有限公司”。

自云南省国资委2021年印发实施《“十四五”云南省国有资本布局与结构战略性调整规划》和《云南省省属企业“十四五”发展规划纲要》以来，云南交投集团始终将高质量发展贯穿始终，逐步深化改革发展，充分发挥了国资国企在努力建设我国民族团结进步示范区、生态文明建设排头兵、面向南亚东南亚辐射中心起的重要作用。

三、发展成绩

完善公司治理体系，打造行业头部企业。持续提升现代化治理水平。进一步健全完善治理制度体系，已基本形成涵盖公司章程+权责体系文件+“三重一大”决策制度实施办法+党委前置研究讨论、董事会及经理层决策事项“三张清单”+三个治理主体议事规则的“1+1+1+3+3治理文件范本和管理模式，全面强化权责法定、权责透明、协调运转、有效制衡的公司治理机制，党委、董事会及经理层决策事项如图3-2所示。集团一体推进国企改革三年行动与“作风革命、效能革命”，始终坚持“两个一以贯之”，以完善企业法人治理结构为核心、权责体系建设为主攻方向，清单化梳理集团总部权责事项、对下管控权责事项、授权事项，构建形成一套横纵贯通、权责清晰、顺畅高效的“标准化+”云南交投特色权责体系，现代企业制度更加成熟定型。全面深化“降本增效”专项行动。集团坚持按照“一降一增”（降成本、增效益）思路，重点围绕建设、运营、管理和财务四个重点领域精准发力，运营管理方面通过推进科学化养护和精细化管理，以公路养护数据库、养护工程项目库依托，对路况情况作出准确评价并推进科学养护，优化收费站、监控中心、隧（桥）管站等一线生产单位岗位设量和工作职责，合理配置生产人员等，降低运营管理成本。

聚力主业发展，厚植企业实力。积极主动服务和融入国家战略全局和云南全省发展大局，通过深化国资国企改革，采取并购投资等方式，不断优化国有资本产业布局和结构调整，产业涵盖公路、航空、水运、轨道等领域，覆盖综合交通基础设施“投融建管营”全产业链。云南交投集团统筹整合规划设计、投资建设、运营管理、经营开发、物资贸易、交通科技等全产业链资源，认真落实交通强国建设试点任务，形成集团高质量发展的新动能新优势，充分发挥综合交通全产业链主要企业作用。云南交投集团全力以赴，全面履行综合交通建设职责使命，在云南省综合交通建设三年攻坚战、五年大会战、“能通全通”“互联互通”等重大工程项目中担当攻坚主力，大漾云高速公路（能通全通工程重点项目）如图3-3所示，兜底补短板，新建成高速公路3 752 km、运营里程达6 290 km、双双占云南省的50%以上，有力支撑了云南省高速公路里

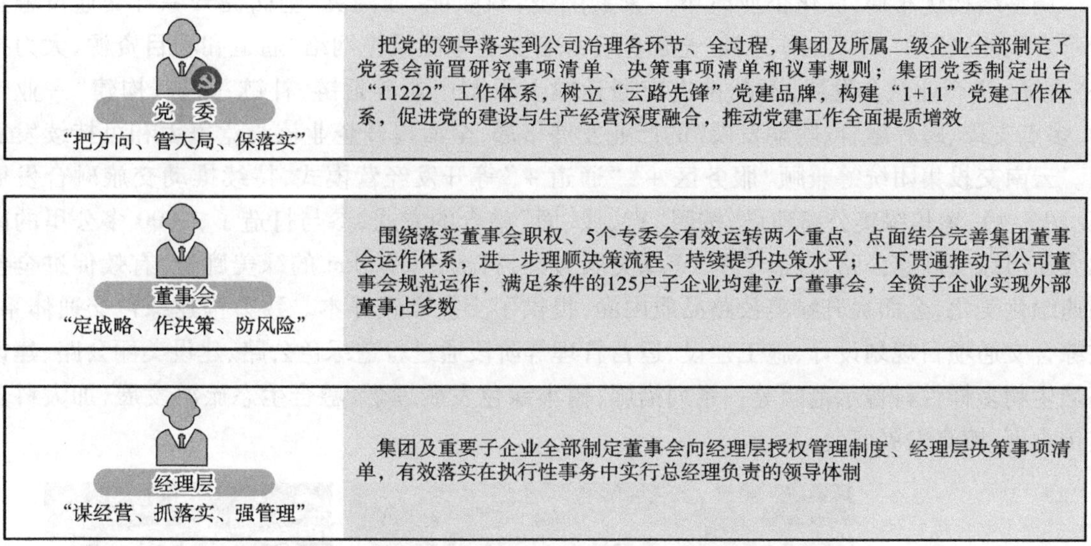

图 3-2　党委、董事会及经理层决策事项

程突破 1 万 km 目标，助力云南高速公路总里程从西部第五位跃居全国第二位。多措并举提升运营管理效率和水平。强化运营公路养护管理和安全保通，2022 年投入 6.52 亿元完成养护工程 358 项，优等路率为 97.98%，路面技术状况（PQI）平均值 94.67，优等路率达 95.19%，养护工程质量 100% 合格。2022 年投入 14.15 亿元养护资金对公路技术状况指标不佳、事故多发等重点路段及定检发现的 3 类桥梁、隧道进行集中整治提升，完成 3 708 座桥梁定期检查和 36 座桥梁健康监测系统建设工作，整治减速设施 100 处，处置独柱墩桥梁 52 座，278 个独柱墩增设钢盖梁，133 个墩柱采用加大截面方式，对安楚、楚大、大保等高速公路中央分隔带、路侧交通安全设施进行提升改造，进一步提高道路安全通行能力。通过建立公路养护数据库、养护工程项目库逐步实现养护精准化，同步推进电子市场化交易，全年降低运营管理成本 7 443 万元。

图 3-3　大漾云高速公路（能通全通工程重点项目）

调整结构优布局，深化企业改革。紧紧围绕“双赋能、强两翼，全面提升综合交通投融建管营发展能级”的“221”工作思路，全面整合综合交通基础设施网络、通道和项目资源，大力推进“交通 + ”产业融合发展，不断推进交通运输上下游产业链延链、补链、强链，构建“一业带动、多点支撑、跨界融合、联动发展”的产业发展格局，全面提升企业核心竞争力和可持续发展力。云南交投集团统筹兼顾“服务区 + ”“通道 + ”等开发经营模式，持续推动交旅融合发展（见图 3-4），聚焦绿美公路建设，按照“点、线、面”结合的方式，参与打造了 1 000 多公里的南北大通道绿美高速公路，打造了 11 座绿美服务区，打造了 236 km 的绿美廊道，有效促进全省高速绿化美化，全面提升绿美公路品质内涵，提供了交投实践样本。致力构建绿色交通体系，在综合交通项目规划设计、施工建设、运营管理等阶段通过打造绿色公路、建设美丽公路、建设路域生物多样性科普示范园等一系列措施，树牢绿色发展理念，融合生态旅游发展，加大科普宣传力度，擦亮发展底色。

图 3-4 “服务区 + ”交旅融合新模式

创新驱动发展，增强引擎动能。持续实施“科技强企”战略，加强技术研发和创新，构建完善的科研体系，强化数智赋能，不断激发企业高质量发展的动力源。云南交投集团全面加快推进“数字交投”建设，以科技赋能、数字赋能发展数字经济，助推新旧发展动能转换走上快车道，构建企业新发展格局。建成了云南最大的高速公路数据服务中心，实现了 2 万多路监控视频全省联网、智能感知、智慧交通，数字交通发展路径越来越清晰。聚焦现代综合交通运输体系建设，不断完善产学研结合机制，建成 13 个省部级以上科研平台（见图 3-5）及创新团队、八个省部级以上创新工作室，共承担国家级、省级科技项目 177 项，获得中国土木工程“詹天佑”奖三项、国家优质工程奖 16 项、省部级以上各类科技奖项 87 项，其中，国家科技进步二等奖二项，省部级科学技术奖特等奖三项，一等奖 10 项，主编或参编各类标准规范、工法 49 项、软件著作权 280 项、各类专利 319 项，20 余项重大科技成果在省内外推广应用，在重大基础设施建设领域为“创新型云南”建设提供了“交投经验”。

平台名称	批准单位	所属单位
公路与桥梁高效养护及安全耐久国家工程研究中心	国家发改委	云南省交通规划设计研究院有限公司
陆地交通地质灾害防治技术国家工程研究中心	国家发改委	云南省交通规划设计研究院有限公司
云南省数字交通重点实验室（筹）	云南省科学技术厅	云南省交通投资建设集团有限公司
建筑信息模型(BIM)技术应用交通运输行业研发中心	交通运输部	云南省交通投资建设集团有限公司
云南省公路标准化建管养工程技术研究中心	云南省科学技术厅	云南省交通科学研究院有限公司
云南省公路节能工程技术研究中心	云南省科学技术厅	云南省交通科学研究院有限公司
云南省公路智能运输工程研究中心	云南省人力资源和社会保障厅	云南省交通科学研究院有限公司
云南省高原山区桥梁隧道加固工程技术研究中心	云南省科学技术厅	云南交投集团云岭建设有限公司
公路隧道工程技术创新团队	云南省科学技术厅	云南省交通规划设计研究院有限公司
何德全院士工作站	云南省科学技术厅	云南省交通科学研究院有限公司
黄宏伟专家工作站	云南省科学技术厅	云南省交通规划设计研究院有限公司
云南省省级博士后科研工作站	云南省人力资源和社会保障厅	云南省交通规划设计研究院有限公司
云南省生态环境智慧治理技术创新中心	云南省科学技术厅	云南交投生态科技股份有限公司

图 3-5　13 个科研平台

服务社会民生，共享路畅人和。云南交投集团持续努力，为人民群众提供更加高效、安全、舒适的出行条件。抓实优质文明服务、道路养护、应急处突等工作，投入道路养护资金，扎实做好桥隧专项整治和路面维修维护，养护管理路段优良路率达 100%。对 190 个服务区进行改扩建与提升改造，不断丰富服务区经营业态，提升服务功能。云南交投集团与相关单位联合共建 ETC 服务网点 1 180 个，打造 ETC 便民服务圈。累计开通 ETC 车道 2 536 条，开设 ETC 服务网点（见图 3-6）207 个。千方百计做好收费站疏堵保畅工作，及时处理 ETC 车道不抬杆的情况，有效提升 ETC 车道、收费站通行效率。不断夯实应急保障基础，强化应急体系及突发情况处治能力建设，年均处治交通事故、自然灾害等突发事件 9 251 起，全力保障人民群众安全出行。云南交投集团认真落实减免通行费政策，多举措推进惠企利民，减免绿通车、节假日小型客车等通行费。不断加大中小微企业帮扶，用实际行动彰显国企担当。

图 3-6　ETC 服务网点

四、发展目标

一是发展质量得到新提升。综合交通基础设施投资建设能力不断强化，发展潜力充分发挥，结构进一步优化，质量效益明显提升。公路巩固提升、铁路取得突破、水运持续发展、新基建稳健拓展，“走出去”取得新突破，外部市场比重明显提升。“交通+”模式更加成熟、在重点产业融合发展领域形成稳定增量市场，产融结合充分发展，“三美三好三化”成为高速公路普遍形态。

二是深化改革开创新局面。企业管理体系、运行机制更加顺畅，内生活力、发展动力充分释放。国有企业改革重点任务有序落实，基本实现数字化转型，灵活高效的市场化经营机制基本形成，在云南综合交通市场的竞争力、创新力、控制力、影响力、抗风险能力显著提升，服务全省重大战略、促进国有资本布局优化的功能作用充分发挥。

三是创新发展形成新动能。科技创新能力持续提升，创新成果转化、应用水平显著提高。率先完成全省新型基础设施建设试点任务，形成一批典型经验成果。创新驱动发展的作用更加突出，基本形成特色鲜明、要素集聚、活力迸发的创新体系，成为全省综合交通领域的创新策源地、人才蓄水池和新基建、数字经济融合发展的活跃增长极。

四是企业治理达到新水平。现代企业制度更加完善，治理效能更加彰显。防范化解重大风险能力不断提升，发展安全保障更加有力。企业治理体系和治理能力现代化水平全面提升，形成省属国有企业实践成果和经验。

第二节　运营管理基本情况

一、运营管理基本情况

云南交投集团高速公路运营管理模式为派出机构管理，下设职能部门运营管理部全面管理集团以及项目公司委托的高速公路，全面领导各管理处高速公路运营管理工作。云南交投集团运营管理高速公路采用的派出机构管理模式主要是按照“集团（运营管理部）—管理处—管理分处”组成的三级运营管理体制运行。截至2023年底，云南交投集团共设12个管理处、29个管理分处、500余个基层站点（含区域应急指挥中心、监控分中心、收费站、隧道管理站、桥梁管理处、ETC电子收费服务中心等）。从养护规模看，云南交投集团共运营管理收费公路77条，养护规模合计6 290 km，占全省的60%左右。从各管理处养护规模来看，平均值为540 km，但多数集中在600 km左右。

二、运营管理历史沿革

2006—2017年，云南省公路投资公司（云南交投集团前身）成立，2008年组建了8个运营管理处，2009年组建了五个养（维）护中心，与管理处实行“管养分离”，通过深化改革，理顺体制，逐步建立起“集团（运营管理部）—管理处—管理分处”组成的三级运营管理体制。

2017—2019年，组建云南交投集团运营管理有限公司，9个管理处和运营管理中心为其分支机构，全面负责集团授权以及项目公司委托的高速公路运营管理。2018年，成立云南交投集团运营管理中心，采用事业部制管理，单独核算，与运营管理公司按“两块牌子、两套机构、一班人员”开展工作。

2020 年至今，不再保留集团公司运营管理中心、云南交投集团运营管理有限公司，下设职能部门运营管理部全面管理集团授权以及项目公司委托的高速公路，全面领导各管理处高速公路运营管理工作。恢复管理处管理模式。

三、运营管理发展成效

历经十多年，多个历史阶段的探索实践，云南交投集团运营管理体制机制不断发展完善，持续研究运营管理的高质量发展的方案策略，征费管理、养护管理、服务区质量监管、安全应急、疫情防控、爱国卫生专项行动等方面的运营管理效能不断增强，高速公路服务保障水平、运营管理水平和服务品质持续提升。

1. 征费管理方面

一是通行费收入稳步增长。“十三五”期间，云南交投集团管辖收费公路计费里程 4 189. 5 km，与“十二五”末相比，新增收费公路 20 条，新增计费里程 1 184. 5 km，累计收取通行费近 530 亿元，较“十二五”期间增加 67%。

二是圆满完成取消高速公路省界收费站工程实现全国联网。按照国家及云南省深化收费公路制度改革取消高速公路省界收费站相关工作安排，完成了 ETC 门架、ETC 车道、入口称重检测设施（设备）等建设任务，取消省界收费站，实现全国联网收费。

三是智慧高速建设取得新进展。对车流量大的高速公路、事件多发的高速公路路段进行了全程监控、情报板和感知改造，开展高速公路事件智能检测应用，实现全程可视可测可控的目标，为高速公路管控能力和水平的提升提供了较好的技术支持。完成路段分中心、管理处区域指挥中心和应急指挥中心的信息化改造，实现信息统一汇聚及应急指挥统一调度，路网运行监测、应急指挥、收费稽查、服务区等业务实现数字化动态管理，完成智慧高速总体规划的计划。

四是持续高压打击偷逃通行费违法犯罪行为。加强稽查队伍建设，抓实日常稽查和专项稽查，加大绿通查验力度，不断完善系统平台功能，利用智慧高速稽查分析系统等平台对可疑车辆进行排查，从源头上精准打逃。强化与云南省公安厅的警企合作长效工作机制，共同打击偷逃车辆通行费违法犯罪行为。

五是规范化管理水平不断提升。完成“营改增”高速公路收费车道高清车牌识别系统改造、一级公路收费车道非现金支付功能改造，建成多义性路径识别系统，确保了依法依规开具收费公路通行费增值税发票，方便车户获取发票和实现税款抵扣。加强三大系统日常养护维护和专项工程管理，提升三大系统等设施设备的使用性能，确保收费系统安全平稳运行。以“提质增效”为目标，不断深化运营管理机构改革，逐级厘清各层级管理机构、管理职责，建立了“事权清晰、精简高效、权责一致、运转协调”的运营管理体制机制，进一步提升工作效率。

六是新建公路收费立项报批及开通收费有序推进。根据省交通运输厅对新建成通车高速公路收费立项及开通收费的相关要求，集团公司及时明确管理流程和要求，指导新建高速公路项目及时开展收费立项报批和开通收费报批工作，确保公路建成顺利开通联网收费。

七是优质文明服务水平持续提升。以收费站、ETC客服网点的服务窗口为重点，多层次、高频次开展整治，有序推进路域环境整治、三美三好三化建设、爱国卫生“七个专项行动”等专项活动，整治成效明显。

2. 养护管理方面

一是坚持创新发展，激发养护管理新动力。按照“机制创新提效率、制度创新促管理、管理创新换新颜、科技创新促发展”的思路，着力抓好高速公路养护管理工作，形成安全便捷、舒适高效的高速路网。高速公路养护工程质量合格率保持100%，安全隐患年整治和安全能力有效提升。路产损坏赔偿率不低于85%。收费站畅通率及通行服务得到提高，三大系统设备总体完好率达95%，智慧高速机电运维管理及智慧养护管理平台使用率达100%。道路救援效率和救援水平明显提升，高速公路运行“人、车、路、环境”四要素和谐发展。

二是坚持协调发展，构建养护管理持续健康发展新格局。为实现“服务群众安全便捷舒适出行”的目标，云南交投集团坚持“以人为本，用户至上”的理念，认真落实养护管理重点工作，推动公路养护管理不断迈上新台阶。

三是坚持绿色发展，建立绿色、低碳、循环的养护新模式。云南交投集团积极推动公路养护管理向资源节约型、环境友好型转变，通过努力，公司养护模式向绿色、低碳、循环发展迈出新步伐。

四是坚持开放发展，拓宽养护发展的新路子。云南交投集团着力提高养护市场及出行服务信息公开程度，增强养护管理服务供给侧与出行需求侧的互动性和依存度，不断推动养护工作开放发展。

3. 服务区质量监管方面

云南交投集团不断完善监督管理制度，对服务区开展定期和不定期的监督巡查工作，督促各管理处将服务区的监管督查工作落实落细，进一步促进服务区服务质量水平的提升。所有服务区实现“三有三无”全覆盖，所有服务区商超设置“同城同价”专柜，提高了社会满意度。大力提升服务区硬件配置和服务软实力，擦亮云南旅游名片。

4. 安全应急方面

一是大力开展隐患整治工作，认真开展省政府挂牌督办安全生产重大隐患整治工程。二是强化应急管理体系建设，提高应急处突能力。严格按照“一岗双责”要求，认真研究解决业务范围内安全生产中存在的重大问题，抓实部门安全教育培训，督促隐患排查治理，做到安全生产责任到位、安全投入到位、安全培训到位、安全管理到位、应急救援到位。强化应急管理体系建设，建成集团公司三级应急管理体制。强化防范意识，规范应急管理工作，切实提高公司依法、科学、有序、高效地应对和处置突发公共事件的能力，最大程度地预防和减少突发公共事件及其造成的损害。

5. 爱国卫生专项行动方面

以“坚持因地制宜、统筹资源、综合治理、长效管理，全面深化新时期爱国卫生运动”为指导思想，建立健全云南交投集团爱国卫生运动相关制度办法，构建网格化管理长效机制，从体制机制上保证各项职责全覆盖、无缝隙落实。通过开展爱国卫生专项行动，云南交投集团所辖高速公路路面、桥面、中央分隔带、边坡、路肩等区域内垃圾、杂物、杂草及时得到清理，公路产权范围内已无明显“白色污染”、垃圾堆等，路域两侧绿化植被修剪到位，病虫害防治、浇水、施肥等养护管理工作到位，植被长势较好；收费站、服务区、港口码头、车站等公共场所区域内实现裸露垃圾全消除，公共厕所全达标，洗手设施全配套，清洁消毒全覆盖，餐饮卫生全改善的目标，有效提升了公路沿线和服务区面貌；各下属单位全体员工积极响应健康文明生活方式全参与的号召，严格落实“分餐制”“工间操”以及“大扫除”等要求，提高了人居环境质量和人民群众健康水平，提升了人民群众的获得感和幸福感。

6. 其他方面

一是建立了集团统一领导、分级负责的管理体系。随着云南交投集团管理机制改革深化，体制机制改革初见成效，集团高速公路运营管理板块已初步建立由“集团（运营管理部）—管理处—管理分处”的三级管理体系，由各业务主体承担检测、设计、监理、养护等相关工作，进一步理顺总部机构设置，权责划分更加清晰，高速公路运营板块在精简层级、全面加强绩效考核、促进降本增效等方面取得初步成效。同时运营管理部、人力资源部等多部门联合，修订完善运营管理工作制度及运营管理服务规范，形成管理与时俱进、制度规范、流程清晰的运营管理体系。

二是形成降本增效、精细管理的长效机制。以“成本控制”为抓手，打好“增”和“节”两张牌，深度实施内部挖潜。强化堵漏增收，实现通行费应收尽收，推动收费工作科技创新，降低人员管理成本。道路养护维护方案科学合理，推动电力市场化交易降低用电成本，公路废旧路面材料就地利用以及统一回收的比率达 100%、循环利用率达 95% 以上，“无纸化”业务建设稳步推进。

三是形成管理规范、特色鲜明的服务品牌。进一步挖掘“云路先锋”品牌内涵和价值，完善彰显云南交投特色的高速公路文明服务考评体系，全省服务区服务质量星级认定覆盖率和星级达标率均达 100%，主要景区、重点收费站省级示范及优秀覆盖率均达 100%，推出一批植根公司、独具特色和可复制、能推广、叫得响的示范站点，持续打造提升运营管理品牌。

第三节　运营管理模式

一、运营管理体系

云南交投集团管理主体由集团运营管理部、12 个管理处、29 个管理分处负责。投资主体为云南交投集团投资有限公司（简称投资公司），业务承接由集团下设的七个子公司参与。业务主体：收费业务主体为云南公路联网收费管理有限公司；土建养护业务主体为云南交投集团公路建设有限公司和云南交投集团云岭建设有限公司等；机电养护业务主体为云南省交通科学研究院有限公司（简称交科院）等；服务区经营业务主体为云南交投集团经营开发有限公司；其余运营管理过程中的设计业务、检测业务、监理业务为云南省交通规划设计研究院股份有限公司（简称设计公司）、云南省公路工程监理咨询有限公司（简称监理公司）等，如图 3-7 所示。

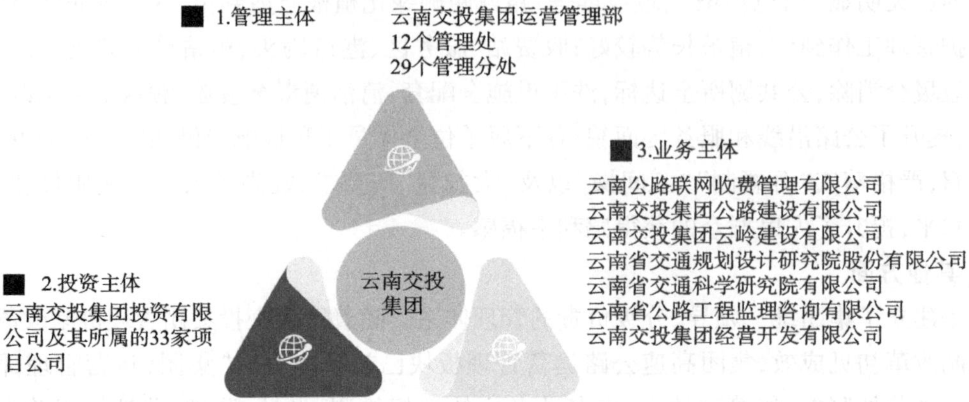

图 3-7 云南交投集团运营管理主体

二、运营管理机制

投资公司将建成公路委托云南交投集团运营管理，以云南交投集团运营管理部为主，其他五个部门（建设管理部、安全监督部、人力资源部、资产财务部、综合办公室）为辅开展高速公路运营管理的监督职能，云南交投集团运管部统筹 12 个管理处，具体承担高速公路的收费管理、养护管理、应急管理等具体运营管理工作，管理处下设管理分处细化运营管理工作，由各子公司负责具体业务实施。

（1）管理处收费方面由运营管理部负责监督和指导收费业务的管理工作，由联网公司负责通行费的清分结算。

（2）管理处土建养护方面由云南交投集团运营管理部和建设管理部负责监督和指导工作，具体包括养护预算申报、养护预算批复、养护工程管理、应急养护工程管理等方面，由云岭公司和公建公司获取土建养护施工业务，设计公司和监理公司分别获取设计、检测、监理业务。

（3）管理处机电养护方面由云南交投集团运营管理部负责监督和指导工作，三大系统和机电设施的养护和检测业务由交科院获取，设计和监理业务由设计公司和监理公司分别获取。

（4）管理处服务区监管方面由管理处负责定期巡检，由经营公司负责高速公路服务区的公益保障以及经营管理具体工作。

（5）管理处安全方面受云南交投集团安全监督部和运营管理部双重管理，具体为监督和指导安全生产、职业健康、消防工作管理等方面。

（5）管理处人事薪酬方面由云南交投集团人力资源部负责监督和指导工作，具体为人事制度的审核、人员经费、工资总额等方面。

（7）管理处财务方面由云南交投集团资产财务部负责监督和管理，具体为制度规范、预算和成本管理、财务档案管理等方面。

（8）管理处党群方面由云南交投集团综合办公室负责管控工作，具体为物品管理、公用经费管理、后勤管理等方面。

第四节　各运营管理相关单位基本情况

一、管理主体基本情况

1. 运营管理部

(1)运营管理部历史沿革

第一阶段为征费和养护分设时期(2006—2017 年)。2006 年,云南交投集团公司前身云南省公路开发投资有限责任公司(简称公投司)组建,所属高等级公路 3 418 km,其中高速公路 1 240 km。同年 5 月,公投司设立征费管理处,负责收费管理工作;设立养护管理处,负责所属路段的养护管理工作。

第二阶段为运营管理中心并行时期(2012—2017 年)。2012 年 3 月,根据《关于成立云南省公路开发投资有限责任公司高速公路运营管理中心的通知》,公投司成立高速公路运营管理中心,为公司直属二级单位,内设综合办公室、联网收费结算科、路网信息科、财务科、网络管理科等,主要职能为非现金收费结算管理、电子收费业务推广、云通卡发行管理、路段信息管理工作、监控、应急指挥和调度等。

第三阶段为运营管理(事业)部时期(2017 至今)。这阶段又可细分为四个小的阶段。一是运营管理部大一统(2017—2018 年)。2017 年 8 月,云南交投集团印发《深化管理体制改革方案》,撤销养护管理处、征费管理处、运营管理中心,成立运营管理部。二是运营管理部与运管中心并行(2018—2020 年)。2018 年,云南交投集团公司决定对权属于集团运营管理的公路实行事业部制管理,成立云南交投集团运营管理中心(简称运管中心),单独核算。运管中心与云南交投集团运营管理有限公司(简称运管公司)按“两块牌子、两套机构、一班人员”开展工作,运管中心负责产权归属于云南交投集团的高速公路运营管理业务,落实集团公司运营管理意图,直接对集团负责,九个管理处和大数据服务中心为运管中心的下设机构。三是运管事业部制探索(2020 年 3 ~ 8 月)。2020 年 3 月,云南交投集团设立运营管理事业部,经营业绩考核参照二级单位实施,不再保留集团公司运营管理部、运管中心、运营公司,将运管中心和运管公司的职能整合,并入运营管理事业部。同时将运管中心和运管公司下设的九个管理处调整设置为集团公司直接管理的派出机构,对集团公司负责。管理处主要承担集团公司所属路段的运营管理、养护维护、通行费征收等日常业务工作,接受项目公司委托开展运营管理相关业务。四是运营管理部回归(2020 年 8 月至今)。2020 年 8 月,由于运营管理事业部未实行财务独立核算,云南交投集团决定将其更名为运营管理部,定位为总部职能部门,不再按事业部制运行。调整后的运营管理部主要负责集团运营管理路段的养护、路产维护、征费管理、运营应急处置等管理工作。

(2)运营管理部主要工作内容

负责集团公司运营管理的公路、水路的养护、路产维护、征费管理、优质文明服务、大件运输、运营应急处置等工作。负责健全完善集团公司公路、水路的运营管理、业绩考核和应急处置制度体系,并抓好督促实施。负责建立路域环境运营管理规范化、标准化制度,督促指导各管理处抓好路域环境整治。负责督促落实集团公司公路、水路等运营领域的防灾救灾、应急抢险工作。

2. 管理处

(1)管理处历史沿革

第一阶段为公投司管理处时期(2006—2017 年)。公投司按行政属地和通车里程长短,组建了昆东、昆西、大理、保山、普洱、红河、文山、昭通等八个运营管理处,负责管辖范围内公路的通行费征收、养护管理、突发事件及水毁抢修保通、规范经营及管理、对路产路权维护情况进行协调管理和考核、履行安全生产职责、代征代养路段运营管理工作的检查监督考核、与属地政府进行沟通协调等。2009 年,为进一步理顺直管路段的养护管理体制,公投司依托五个子公司组建了五个养(维)护中心(滇西养护中心、滇南养护中心、滇东养护中心、机电工程维护中心、试验检测中心),与管理处实行“管养分离”。至此,公司初步建立起“集团公司—运营管理处—养护中心”三级养护管理体制。2013 年 7 月,由于子公司与养(维)护中心责权利难以厘清,公投司撤销五个养(维)护中心,相关职能并入属地管理处,通过市场化方式与相应子公司开展业务。2014 年 3 月,云南交投集团决定成立曲靖管理处,集团公司所属管理处增至九个。2017 年,云南交投集团将原云南公投高速公路经营有限公司依托九个管理处设立的九个分公司全部注销,原分公司业务由经营公司承接,管理处人员不再兼任九个分公司职务,服务区的日常经营、管理业务交由经营公司负责。

第二阶段为运管公司时期(2017—2020 年)。2017 年,云南交投集团以九个管理处和运营中心(应急指挥中心)为基础,组建具有独立法人资格的运管公司,以市场为导向,自主经营,独立核算,九个管理处成为运营公司下属机构。运管公司对内受公司或司属相关单位的委托,负责公司高速公路项目运营管理,做好运营高速公路征费、养护及路产路权维护、智慧交通信息服务、地方关系协调、运营安全管理,以及服务区服务水平、服务质量的监督管理工作。对外面向市场,积极拓展经营空间,获取外部高速公路运营管理服务业务。由于运管公司在实际运行中存在税负较重的问题,之后改按“运管公司 + 运管中心(事业部制)”的双轨模式运行。

第三阶段为云南交投集团管理处时期(2020 年至今)。2020 年,集团公司对运营板块进行体制机制改革,不再保留运管中心和运管公司,将运管中心和运管公司下设的九个管理处调整设置为集团公司直接管理的派出机构,对集团公司负责,不再保留运管公司下辖管理机构和名称。2021 年 6 月,随着云南高速公路里程规模的增长,集团公司决定在原有九个管理处的基础上新成立西双版纳、丽江、临沧三个管理处,负责所在市(州)范围内集团公司高速公路运营管理业务,集团公司所属管理处增加至 12 个。

(2)管理处主要工作内容

管理处作为二级管理主体,具体负责所辖路段的收费管理、养护管理、应急管理、路产路权保护等相关工作。具体实施现场调查、项目立项、施工图设计、预算编制、施工组织设计、技术方案、施工安全、现场管理、质量及进度管控、工程变更、优化设计、工程验收、检测评定、工程应急、工程计量、计量资金拨付等具体工作,同时协调各单位与地方交警、路政、交通局等相关部门进行沟通,保障高速公路的正常使用和各项工程的正常实施。

①管理处运营管理规模。

各管理处运营管理规模按照 300 ~ 500 km 设计。各管理处成立后,根据运营管理里程、运营管理路段跨州市等情况,结合运营管理工作实际及运营管理里程的变化情况,设置管理分处。随着云南高速公路通车里程增加,以及分段通车等原因,各管理处现有运营管理里程差距较大。

②管理处机构设置分析。

管理处是集团公司直接管理的派出机构，各管理处机关一般设综合办公室、党群工作部（工会、团委合署）、综合监督部、收费管理科、养护工程科、安全管理科、资产财务科、劳动人事科等 8 个内设职能部门。

管理处下设区域应急指挥中心、区域监控中心、收费站、隧（桥）管站四类基层站点。区域监控中心根据监控范围和承担监控业务量，分为一级监控中心（承担区域监控中心职能或管理处总监控任务）、二级监控中心（承担分处所管辖路段监控任务）、三级监控中心（承担某一路段监控任务）三类。

a. 区域应急指挥中心的工作内容为在接到各路段监控分中心突发事件报告后，迅速进行事件信息收集汇总分析，按突发事件管理要求及时开展区域突发事件的应急调度指挥、道路应急处置、应急信息报送审核等工作。区域应急指挥中心实行 24 小时值班制度，负责管理处辖区内突发事件信息收集、报送、处置、发布，并按照公司和管理处突发事件信息收集报送处置管理办法，及时向公司应急办报送突发事件信息；负责与地方政府、应急管理、交通主管部门和辖区交警、路政等部门建立联勤联动机制和信息互通机制；负责管理处辖区路网运行监测管理；负责管理处与公司应急办日常应急工作指令的传达。

b. 区域监控中心的工作内容为各管理处辖区路段道路运营监控及管理；收费数据稽核分析；负责所辖路段收费站、道路、隧道保通等监督工作；同时负责对监控分中心业务指导和监督，督促各分中心处理所辖路段与服务质量相关的社会投诉事件。路段监控分中心的工作内容为各管理分处辖区收费站日常收费业务、内部稽查工作；负责处理各类投诉事件；负责外部稽核工作，对车辆通行轨迹、车型类别等情况进行分析，排查偷逃通行费车辆，收集相关资料并发起稽核工单；对辖区道路、隧道、收费站进行实时监控，发现特殊事件及时处理、上报；负责三大系统设施设备管理，对接并督促养护单位及时修复辖区设施设备故障。

c. 收费站的工作内容为负责收取车辆通行费，采取有效措施保障收费站畅通运行；做好优质文明服务，负责收费站设施、设备的管理和基础维护等工作；负责上级规定、安排的相关工作。

d. 隧（桥）管站的工作内容为做好路基、路面、桥梁、隧道、高边坡的日常巡查、检查，据实填写巡查资料，并将巡查问题及时上报管理分处，按管理分处下发的修复通知单督促施工单位在时限内修复处理。做好应急突发事件的处置工作，立即向管理分处报告，并严格按上级指令执行；立即赶赴现场，靠前参与、协助救援处置；配合相关单位进行交通管制，采取措施减少次生事故发生；配合相关单位进行人员救护和疏散，尽量减少人员伤亡；配合所在地政府和相关专业机构做好处置工作；尽快清除障碍，恢复交通。

③管理处人员队伍情况。

管理处岗位职数设置按照精简高效、运营顺畅、提高效能的原则，科学合理配置资源，核定管理处机关、分处管理人员岗位职数。

3. 管理分处

管理分处作为三级管理主体负责落实所辖路段的通行费征收工作、收费三大系统管理工作、票款卡管理工作、稽查管理工作及日常管理工作，承担着直接管理责任。管理分处需将辖区特殊情况第一时间报备管理处，管理处需按照“目标考核责任书”对分处收费工作指导、监督、考核,确保分处各项工作在管理处可控范围内开展。

二、投资主体运营管理基本情况

1. 投资公司历史沿革

2015 年 4 月,云南交投集团设立了五个集团公司,初步构建起"投融建管营"一体化模式。其中,投资公司前身云南公投云岭高速公路投资有限公司(简称云岭投资公司)注册资本 50 亿元,专门负责国内外交通基础设施项目投资、融资、建设和运营管理,计划组建三个以上控股子公司。2017 年 8 月,集团公司印发《深化管理体制改革方案》,明确投资公司的职能职责是作为公司项目投资建设龙头企业,负责落实公司投资决策意图,履行项目投资、融资、建设和运营管理职能。控股项目公司,参股公建公司、云岭公司,分享投资收益,承担项目经营风险。同时,集团公司将保山—泸水等项目公司划转至投资公司,由投资公司承接、行使集团公司对项目公司的各项权利,履行对项目公司资产、业务、人员、合同的管理工作,行使项目投资、融资、建设和运营管理职能。

2. 投资公司主要工作内容

云南交投集团投资有限公司作为集团高速公路项目投资建设主体,负责全面落实集团公司投资决策意图,代表云南交投集团或以投资公司名义从事国内外基础设施项目投资、融资、建设和运营管理职责,目前主要业务为高速公路项目投资、建设及运营管理。

截至 2022 年底,投资公司控股、参股或集团公司授权管理的项目公司(指挥部)共 56 个、3 个代建指挥部。投资公司共管理 63 个项目(含在建和运营项目及新中标项目,不包括代建项目),总里程 4 353 km。除公路项目外,投资公司还投资建设了丽江雪山观光火车轨道交通项目,里程 23.4 km。截至 2022 年 10 月 31 日,投资公司控股、牵头、代管及集团公司授权管理的通车运营道路(含分段通车路段)共 34 个(33 个项目公司),收费里程 2 202.259 km。目前 34 个高速公路运营项目的运营管理工作均采用委托的方式,授权集团公司开展,具体业务由管理处承接。

三、业务主体运营管理基本情况

1. 联网收费业务主体

2018 年为深化全省高速公路联网收费管理体制改革相关要求,经云南省人民政府批准,由云南交投集团、云南建设基础设施投资股份有限公司、曲靖市交通建设投资集团有限公司出资组建联网公司,并由省联网公司接收整合云南省高速公路联网管理中心,对其业务、资产、合同等进行合理归并整合,对人员进行妥善安置。云南省交通运输厅授权联网公司作为全省高速公路联网收费运营服务主体,联网公司作为云南交投集团控股二级企业,主要从事投资合作、运营管理云南省收费公路联网收费工作、收费监控通信系统日常维修维护和非现金业务。承担全省清分结算系统、电子收费运营服务系统的建设、管理和升级维护,并依托该系统负责 ETC 全国联网和全省联网收费车辆通行费的清分结算等事宜,对新建路段和关键系统(设备)进行入网检测;按照省人民政府批准的费率标准制作和下发联网收费费率参数,负责全省 ETC 业务的发行、运营、拓展及客服网点的建设、管理和附属业务的开发扩展等工作,对卡签进行应用发行和调拨管理。

截至2022年底，联网公司注册资本3亿元，服务全省收费公路涉及收费里程10 115.5 km，服务体量在全国排名第二。

2. 土建养护业务主体

（1）云南交投集团公路建设有限公司

云南交投集团公路建设有限公司于2006年成立，是云南交投集团控股的二级子公司，致力发展成为云南省领先的“公路施工主力军、公路养护排头兵”。

公建公司主要负责高速公路土建养护管理工作，养护里程共计3 180 km。

近年来，由于云南省高速公路逐渐向存量期转换，新建项目逐渐减少。从公建公司承包内部市场来看，内部市场占比逐年下降是造成工程施工项目收入下降的主要影响因素。公路养护施工收入属于公路施工收入的一部分，在财务合并报表中难以单独统计且历年来养护收入占比较少。

（2）云南交投集团云岭建设有限公司

云南交投集团云岭建设有限公司于2006年成立，是云南交投集团控股的二级子公司，致力于发展成为最值得信赖的全国一流综合交通建设施工企业。

云岭公司主要负责土建养护业务部分，养护里程共计1 956 km。

近年来，云岭公司收入总额较为平稳。从云岭公司业务开展来看，云岭公司养护工程金额占比较少。

（3）云南省公路工程监理咨询有限公司

云南省公路工程监理咨询有限公司于1993年成立，是云南交投集团控股的二级子公司，致力于成为交投集团工程质量与安全的守护者。

监理公司主要负责养护项目的监理和检测业务实施及沟通协调工作。下设云南云路工程检测有限公司（简称云路公司），主要职责为集团公司运营管理公路的路况检测、定期检查及特殊检查、构造物观测等，养护工程实施过程中及交（竣）工的监测、检测，公路健康监测系统建设及运行维护。下设云南云岭高速公路工程咨询有限公司具体负责养护项目实施过程中的质量、进度、安全、计量支付及资料的签字认定等监理工作。此外，云路检测公司及云岭咨询公司根据集团运管部与各管理处需要，开展养护培训交流学习等咨询服务。

（4）云南省交通规划设计研究院股份有限公司

云南省交通规划设计研究院股份有限公司于1994年成立，是云南交投集团控股的二级子公司，致力于成为“综合交通领域的新型智库”。

设计公司养护设计业务由设计公司咨询分院具体负责实施，具体分为土建养护设计和机电养护设计，每年土建养护设计收入占比在80%~90%之间，机电设施养护收入占比在10%~20%之间。

3. 机电养护业务主体

云南省交通科学研究院有限公司于2002年成立，是云南交投集团控股的二级子公司，以打造专业化、精细化、特色化、新颖化的专精特新企业为目标，努力建设成为中高端产业配套能力强、细分领域技术和市场领先、品牌知名度和影响力大、资源利用率和附加值高的交通科技领军企业。

交科院主要负责机电设施养护以及机电设施检测工作。全力保障全省630个收费站、

1 434 套ETC 门架、6 000 余条车道、10 000 多公里高速公路的收费业务正常运行。交科院下设交通工程养护分公司，分公司内设综合部、资产财务部、安全管理部、生产经营部四个职能部门，对应 12 个管理处设立了 12 个养护事业部，事业部内设 31 个养护所。

4. 服务区经营主体

云南交投集团经营开发有限公司于 2015 年成立，是云南交投集团控股的二级子公司，致力于成为路产融合为核心的数智化产业投资经营平台。

经营公司负责集团内服务区经营管理业务。截至 2022 年 9 月 30 日，经营公司运营管理高速公路服务站点共计 346 座（含中心服务区、普通服务区、停车区、加水站、观景台、加油站等）。2022 年实施服务区综合改革，由服务区管理分公司（简称服务区公司）承担公益保障工作，由彩云驿商业管理分公司（简称彩云驿公司）承担具体经营管理工作。

截至 2022 年底，经营公司注册资本 20 亿元。服务区公司主要负责服务区管理的各项支出，总支出情况主要受租赁业务、人员经费、物业管理的影响。彩云驿公司于 2022 年 8 月成立，2022 年服务区租赁占总收入的 68% 左右。

第五节 小　结

自 2006 年组建以来，结合内外部形势变化，云南交投集团运管板块不断探索符合自身发展实际的组织架构和运行模式。由于运管板块聚集了大量的干部职工，每一次改革都影响巨大，能否解决好人的问题，动员好、发挥好人的积极性，改革目标与员工目标激励相容、同频共振事关运管板块改革成败。

集团总部部门层面，集团公司历经收费养护分设、运营管理中心并行、运营管理职能部门、运营管理事业部、事业部与运营管理中心并行、全部整合至运营管理部等不同阶段的探索，目前采用的职能部门设置是全国同类企业的主流模式。

集团二级单位层面连接集团总部和运管养护生产单位，具有承上启下作用，体现集团公司对运管板块的定位，是运管板块改革的重点和难点。自成立以来，二级单位主要采取过管理处、运营管理子公司两种大的组织架构，每一种模式都各有优劣，具体采用什么模式取决于集团公司对这一板块的定位，核心是成本中心或利润中心的选择。

目前，从运营管理体系来看，主要问题体现在：

一、收费经营策略多元化水平有待提升

一是通行费收入短期内增加潜力有限。随着疫情的结束，虽然未来车流量总体呈增长趋势，但由于云南省高速公路处于全国末梢、与周边国家互联互通暂未成网，即便采取适当的营销措施，车流量也不会迅猛增长。加之，受现行差异化收费政策类型繁杂、差异化收费政策碎片化、政策叠加较为突出的影响，云南交投集团通过差异化收费吸引车流量的效果也不明显。

二是营业收入比较依赖通行费收入。通行费收入作为云南交投集团的主营业务收入，从近年来的营业收入情况来看，通行费收入在云南交投集团整个营业收入中占比较高。对比标杆企业浙江交投集团、山东高速集团，通行费收入占比相对较低，并且还有下降的趋势。

三是路域资源开发有待加强。高速公路具有公益和商业双重属性，路域资源除传统的服

务区、停车区、广告位外，还包括存量土地、通信和机电设备资源、涵洞等资产。目前，云南交投集团更多是对服务区、停车区、广告等传统路域资源的经营开发，并且采取租赁的方式转包给第三方，营业收入有限。虽然已经大力着手培育和发展绿美通道经济，但绿美通道经济政策的实施效果还没有显现出来。

二、高速公路运营服务水平有待提升

对比行业一流企业，云南交投集团道路运行服务质量还有提升空间。用户通行高速公路体验总体由三部分组成，第一部分是收费站入出口，ETC 车辆直接通行 ETC 车道，无人工接触，因此对于 ETC 用户来说，最好的服务是 ETC 设备的稳定性，能够一次性、快速地通过；对于非 ETC 车辆来说，人工发卡、收费时间缩短，同时注意使用文明用语，就是最好的服务。第二部分是驶入高速后的通行体验，道路养护及时，无坑包，绿化带完整、干净，全线畅通无拥堵，就是最好的服务。第三部分是用户通过客服咨询相关政策，或通行高速遇到意外需要寻求帮助时，能够第一时间获得最准确的答复和支援。相比行业一流企业，云南交投集团还有提升空间。

三、"云交投"品牌效应有待进一步发挥

在"云交投"品牌打造中，由于云南交投集团管辖全省范围内 77 条高速公路，12 家管理处，每条高速公路的路况及所途经区域的经济、社会、文化都各有不同，各管理处、管理分处还要在"云交投"大品牌下结合自身实际，打造契合当地文化具有鲜明运营特色的细化品牌。

四、高速公路智能化水平有待进一步提升

智慧高速是高速公路未来发展方向，其在已投入使用的硬件设备基础上，利用 5G、人工智能、云计算、移动互联网、区块链等技术，高效地管理高速公路，并为用户提供自动驾驶、车路协同等智能服务体验。智慧高速会将大数据进行进一步加工，整合成全新的资源，数据的价值被提升到思想、技术等高度，其机理在于，通过各种先进的技术手段，整理各种交通数据，挖掘其内在的价值，作为相关决策的依据。智慧高速的建设需要通过各种设备提供数据资源，这种数据资源不仅仅是字面上的信息资源，在整合挖掘后，还可以形成思维手段。智慧高速的建设中，需要分析海量数据背后的内涵、规律。目前，云南交投集团仅在功小高速等部分路段试点实施的智慧高速项目，全集团高速公路智能化水平有待进一步提高。

五、运营管理相关业务板块存在交叉

一是交科院与联网公司少量业务交叉。交科院定位为以交通科技研发和成果转化为主的科技型企业，重点推进智慧交通研究与应用、环保与节能减排技术咨询、标准化产品认证和三大系统维护、交通科技创新与软件研发等业务，积极提升科技研发能力、科技成果转化能力、市场开拓能力。联网公司定位为以高速公路联网收费服务和"ETC +"商业场景开发为主的科技型企业，重点推进联网收费服务、ETC 发行、"ETC +"商业场景开发、智慧公路运营等业务，积极提升 ETC 大数据资源资产化、商业化能力，打造成为细分领域"小巨人"企业。交科院与联网公司在智能交通科技板块发展方面存在少量业务交叉。

二是机电相关业务归属需进一步明确。机电业务分属交科院、监理公司、设计公司等不同单位,检测业务、设计业务均不是各公司的主营业务,难以得到重视和专业化的发展。目前机电检测业务由交科院负责,交科院针对机电设施的检测业务每年占比在1%左右,与监理公司的试验检测业务有所重合。监理公司的试验检测收入主要来源于公路路况检测,尚未拓展机电设施检测相关业务。

三是机电设计施工一体化业务尚未成型。设计公司业务板块中,机电养护设计收入占比较小,设计施工一体化业务尚未开展。

第四章

云南交投集团运营管理业务组织现状分析

第一节　联网收费业务组织现状分析

一、组织模式

云南省交通运输厅交通规费征收管理办公室负责全省高速公路收费工作的政府行业管理。云南交投集团联网收费业务组织整体采用“集团公司—管理处—联网公司”三级收费管理体系，如图4-1所示。运营管理部负责联网收费业务的统筹管理。集团下设的管理处负责辖区内高速公路的车辆通行费征收具体工作。云南公路联网收费管理有限公司负责全省清分结算系统、电子收费运营服务系统的建设、管理和升级维护，承担ETC全国联网和全省联网收费车辆通行费的清分结算等工作。截至2022年底，云南交投集团涉及联网收费里程5 944 km、收费路段77条、收费站354个、ETC专用车道2 582条、门架816个。

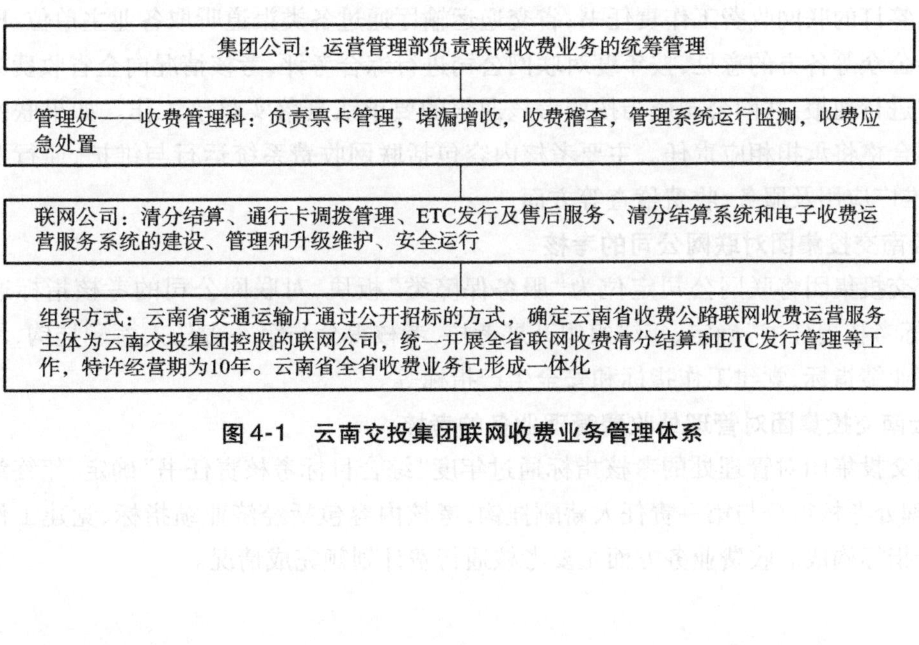

图4-1　云南交投集团联网收费业务管理体系

二、组织分工

1. 运营管理部职责

根据集团公司要求从事运营管理高速公路通行费征收等业务，确保“应收尽收”，履行“收好费、养好路、保畅通”的职责，抓好优质文明服务。管理处收费业务方面的管理工作由运营管理部负责监督和指导。

2. 管理处职责

管理处及管理分处内设收费管理科，负责收费管理科全面工作；负责高速公路三大系统管理，票卡管理，堵漏增收，收费稽查，机电系统维修维护管理系统运行监测，收费应急处置，服务区监督管理等工作。管理处及管理分处下设收费站、路段监控分中心。收费站负责收取车辆通行费，采取有效措施保障收费站畅通运行；做好优质文明服务，负责收费站设施、设备的管理和基础维护等工作；负责上级规定、安排的相关工作。

3. 联网公司职责

联网公司受交通运输厅委托负责云南省收费公路联网收费清分结算系统和电子收费运营服务系统的建设、管理和升级维护并确保其安全运行。具体负责云南省联网收费公路车辆通行费的清分结算，处理有关 ETC 全国联网的清分结算等事宜；对收费公路经营管理单位提供车辆通行费收入结算、拆分清算相关数据查询和业务培训等服务；对收入结算、拆分清算等争议，进行调查核实并依据核实情况和有关规定协调处理；按照省交通运输厅的要求对新建路段和关键系统设备进行入网检测，做好新建路段通车前的相关准备服务工作；对卡签进行应用发行，并对全省路网内的通行卡进行调拨管理；全省 ETC 客服网点的建设、管理和维护，负责 ETC 的发行（包括与第三方合作发行）、管理、服务及附属业务的开发拓展等。

三、考核管理

1. 云南省交通运输厅对联网公司的考核

根据签订的联网收费工作责任书，省交通运输厅通过各类渠道听取各业主单位、ETC 发行方及社会公众等各方的意见，按年度对联网公司进行综合考评，考核情况向全省收费公路经营管理单位进行通报，联网公司应当按照考核通报的要求认真落实整改工作。如果联网公司年度考核不合格将承担相应责任。主要考核内容包括联网收费系统运行与维护、通行费清分结算、ETC 推广应用及服务、收费稽查等方面。

2. 云南交投集团对联网公司的考核

云南交投集团将联网公司定位为“服务保障类”板块，对联网公司的考核指标通过年度“综合目标考核责任书”确定，年终组织开展考核，考核得分与第一责任人薪酬挂钩，考核内容包括经济业绩指标、党建工作指标和安全生产指标等。

3. 云南交投集团对管理处收费管理业务的考核

云南交投集团对管理处的考核指标通过年度“综合目标考核责任书”确定，年终组织开展考核，管理处考核得分与第一责任人薪酬挂钩，考核内容包括经济业绩指标、党建工作指标和安全生产指标构成。收费业务方面主要考核通行费计划额完成情况。

第二节　土建养护业务组织现状分析

一、组织模式

1. 组织模式

云南交投集团本着“有利于公司发展、有利于增强综合实力、有利于完善公司各项建设”的原则，按照“统一的工作目标、统一的工作步骤、统一的工作规范”的要求，结合集团养护管理路段实际，逐步建立起集团公司—管理处—桥隧管站组成的三级养护管理体系。集团运营管理部负责管理土建养护的资金批复、工程质量监管等监督管理工作，直接管理各管理处，由管理处内的养护工程科负责养护制度建设、方案审核、养护计划制订、计量审核等管理工作。管理处直接管理养护业务的检测、设计、施工、监理的施工过程，具体施工由监理公司、设计公司、公建公司、云岭公司及交科院等多家单位负责，如图 4-2 所示。截至 2023 年底，云南交投集团养护管理的高速公路里程为 6 290 km，占全省的 60%，养护管理桥梁有 11 008 座（2 260 406 延米），管养隧道 1 195 道（1 395 636 延米）。

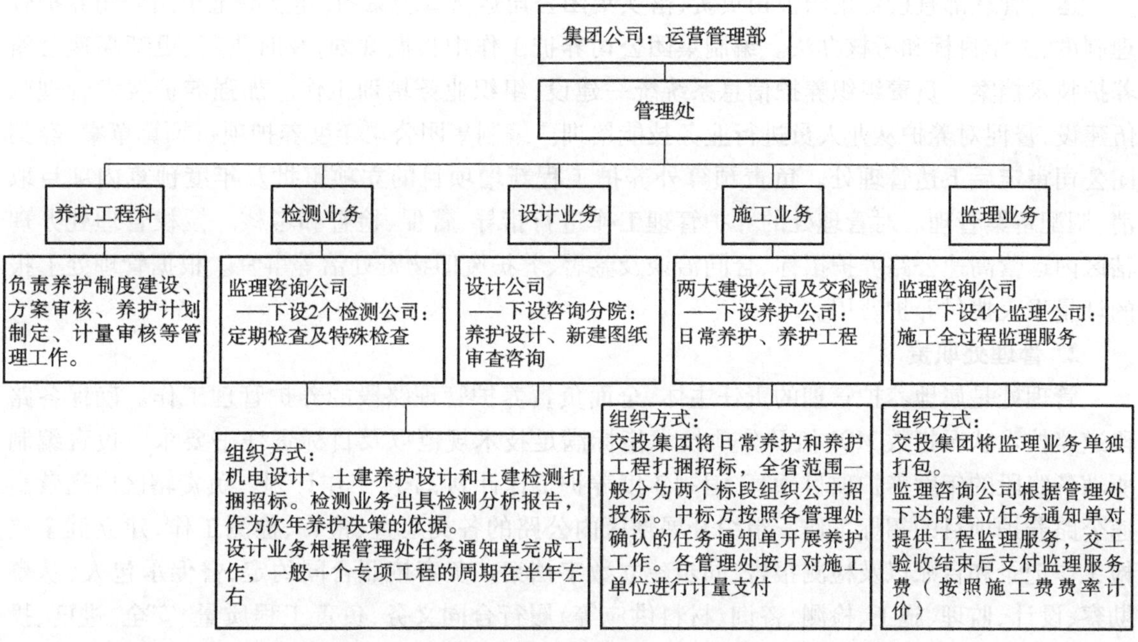

图 4-2　云南交投集团土建养护业务管理体系

各施工板块均采用公开招标的方式。其中机电设计、土建养护设计和土建检测打捆招标。养护工程和日常养护打捆招标，一般分为两个标段组织公开招投标。监理业务单独打包招标，每个工程计划监理服务期与相应工程项目的施工期、缺陷责任期一致。

2. 检测业务组织模式

监理公司下设的二家子公司具体承接高等级公路的路况检测相关业务，含路基、路面、桥梁、隧道的定期检查及特殊检查，检测完成后出具检测分析报告，作为次年养护决策的依据。

3. 设计业务组织模式

设计公司下设的咨询分院具体承接养护设计相关业务,为管辖范围内高等级公路的路基、路面、桥梁、隧道、绿化、声屏障、附属设施等开展养护工程设计。设计业务根据管理处任务通知单完成工作,一般一个专项工程的周期在半年左右。

4. 施工业务组织模式

公建公司和云岭公司分别承接土建养护施工相关业务,公建公司和云岭公司下设养护公司或项目部负责日常养护和养护工程的施工,施工过程按照各管理处确认的任务通知单开展养护工作,各管理处按月度对施工单位进行计量支付。

5. 监理业务组织模式

监理公司下设的四家公司具体承接养护工程施工准备阶段、施工阶段、交工验收阶段、缺陷责任期阶段全过程施工监理服务及招标人交办的其他项目的工程监理服务。监理业务根据管理处下达的监理任务单提供工程监理服务,交工验收后支付监理服务费(按照施工费费率计价)。

二、组织分工

1. 运营管理部职责

运营管理部直接对集团公司负责,落实集团公司运营管理意图,建立健全集团公司养护管理制度,工作目标和考核办法。编制集团公司养护工作中长期规划,及时收集、更新高速公路养护技术档案。负责组织养护信息系统统一建设,组织业务培训工作。加强养护技术管理队伍建设,督促对养护从业人员进行业务技能培训。编制集团公司年度养护项目预算草案,经集团公司审定后下达管理处。负责预算外养护工程新增项目的立项审批及年度预算内项目取消、调配备案管理。对管理处的养护管理工作进行指导、督促、检查和考核。授权管理处办理辖区内运营高速公路养护招标、合同洽谈及签署、养护废旧物资处治等事宜。根据管理处上报的计量报表拨付养护费用。

2. 管理处职责

管理处是属地养护管理的责任主体,全面负责养护管理路段的养护管理工作。确保各路段道路技术状况指数 MQI 值及分项技术指标满足技术规范以及目标责任书要求。负责编制所辖各路段的年度养护项目预算,编制年度养护工作计划、季度工作计划。负责辖区内运营高速公路养护项目的招标工作。组织开展辖区内公路的各类巡查、检查、检测工作,建立健全巡检工作记录和台账以及检测报告,同步建立数字档案。负责按照合同约定,督促承包人(从事勘察、设计、监理、施工、检测、咨询、材料供应等)履行合同义务,负责工程质量、安全、进度、投资控制管理,组织工程验收。负责建立管理处养护工程项目立项审批制度。负责组织单项金额 400 万元以下的路基、桥梁、隧道及单项 800 万元以下的路面土建工程设计评审;单项金额 200 万元以下的隧道机电工程、交安、房建、专项检测方案等评审工作,评审结果报备集团公司运营管理部。负责养护计量审核及资料报备工作。负责养护施工安全措施及保通方案的审批。负责所辖路段应急保畅及信息上报工作,组建应急保通队伍,建立应急物资储备库,配备应急物资,做好应急设备备勤管理。建立与承包人、地方政府、应急管理局、交警、消防、路政、公安、医院等机构的联动机制,组织应急预案演练。开展汛前自检自查。负责沿线管理用房、消防救援车辆等的维修维护,供电专线的维护以及电费的使用管理。负责维护、管理路产路权，办理涉路施工、路产占用赔补偿等相关事宜；按集团公司规定开展公路固定资产管理和负责养护废旧物资处治。负责养护信息系统的属地管理维护，整理归档各路段的技术档案，收集路况基础数据和相关资料。制订详细的岗位职责并贯彻落实。加强对养护管理业务人员及从业人员的教育培训。

3. 子公司职责

公建公司和云岭公司负责业务范围包括高速公路土建养护施工，具体包括日常养护和养护工程施工。日常养护主要包含：公路、联络线、辅道等涉及到的路基、路面、桥梁、涵洞、隧道、沿线设施、环保与景观及其他工程进行经常性、及时性的维护保养和修复其轻微损坏部分，使之保持良好状态。养护工程主要包含：公路、联络线、辅道等涉及到的路基、路面、桥梁、涵洞、隧道、沿线设施、环保与景观、其他工程，在一段时间内集中实施并按照项目进行管理的预防养护、修复养护、专项养护和应急养护工程施工。具体日常养护、养护工程项目施工以发包人下达的任务通知单为准。

设计公司业务范围包括高速公路养护工程的设计工作。具体包含：路基、路面、桥涵、隧道、绿化、交通工程机电设施、隧道机电系统、供配电、交通工程安全设施、环保工程、沿线设施等的养护工程设计，具体项目的实施以发包人下达的通知单为准。

监理公司业务范围包括高速公路养护工程的公路监理以及路面检测工作。具体包含：运营管理路段的日常养护、养护工程监理服务。云路公司负责公路路面检测工作，包括路基、路面、桥梁、隧道、交通工程安全设施、沿线设施的定期检查及特殊检查（含大件运输、桥梁特殊检查及结构验算）、构造物观测等；养护工程的交（竣）工验收检测；养护工程实施过程中的监测、检测；公路健康监测系统建设及运行维护，具体项目的实施以发包人下达的通知单为准。

三、考核管理

1. 云南交投集团对管理处考核

云南交投集团对管理处的考核通过年度“综合目标考核责任书”确定，当年年初与管理处签订综合目标考核责任书，年终组织开展考核，管理处考核得分与第一责任人薪酬挂钩。

主要考核养护管理与质量，具体为道路技术状况指标、优良路率、养护工程质量合格率、公路运营状态、路域环境等。

2. 管理处对业务承接主体考核

（1）对施工单位考核情况

施工单位未按施工作业审批审核通过的施工方案及保通方案开展施工，施工人员所持证书过期或无证上岗的，管理处将责令停工整改，由此造成的损失及责任由施工单位承担。

施工过程中发生违反与集团公司相关规定、合同招标文件及合同协议约定条款的行为，管理处将严格按相关规定进行违约处罚。

路容路貌保洁考核方面：

①施工单位应按集团公司相关文件要求足额配置保洁人员，做好相关管理工作，并将保洁人员名单及联系方式提交备案，管理处将不定期现场抽查。保洁人员应按要求穿着反光背心安全帽作业，并按保通方案实施保洁清扫。

②路面异物（如破损轮胎、车辆遗留物、垃圾、树枝等）应及时清除。

③隧道管理站日常巡查时按集团公司相关规定，每日对路容路貌进行外观巡视检查，发现问题及时通知施工单位进行处理。

④隧道管理站隔日巡查发现尚未整改的，纳入当月保洁考核，以公里为单位扣除当月保洁工程量。

⑤施工单位在路容路貌保洁过程中发现构造物出现病害、破损，波形护栏、防眩板、隔离栅、标志牌出现破损、锈蚀问题等需要修复的，应当日反馈管理处进行处置。

绿化日常养护考核方面：

①施工单位应按集团公司相关文件要求对辖区公路绿化植物进行合理养护，结合辖区路段因素制订绿化养护计划，按照管理处通知定期对辖区绿化植物进行养护工作。

②管理处按月对绿化日常养护情况进行考核，经考核检查未达到绿化养护要求的段落，当月绿化养护费用不予计量。

③单一路段连续两个月考核不达标的将约谈施工单位，并向施工单位发函通报责令整改。

③管理处、隧道管理站日常巡查发现问题及时通知施工单位，原则上要求次日整改完毕。

④施工单位应对植物进行合理养护，管理处发现植物枯死情况及时通知施工单位进行整改处理。

(2)对设计单位考核情况

对设计单位的考核主要以合同履约考核为主。设计单位未按照国家强制性技术标准、规范和规程进行设计，或在设计文件中指定或变相指定材料、设备生产厂、供应商，责令设计单位整改，并视情节严重程度在该项项目设计费中扣除一定比例作为违约金，如工程已实施，在扣违约金的基础上，对管理处及集团造成的一切损失由设计单位承担，并按规定追究设计单位人违约责任。

由于设计单位原因，造成未能按通知单的期限要求按时提供设计成果(含变更设计)的，每延期一天从该项目设计费中扣除一定比例作为违约金。

在收到管理处、受托咨询单位，或上级部门提出的审查意见后，设计单位未在期限内完成对设计文件、专题研究报告的修改并提交管理处的，每延期一天从该项目设计费中扣除一定数额的违约金。

因设计原因造成项目返工从而造成质量问题，除由设计单位负责继续完善设计外，视时间延误和费用损失，扣除该项目设计费的一定比例作为违约金。

设计单位未按合同要求提供服务，或未按管理处要求进行咨询核查的，扣除该项目设计费的一定比例作为违约金。

设计单位未按管理处要求及时选派合格的设计后期服务人员进驻施工现场的，每延期一天，扣除该项目设计费的一定比例作为违约金。

(3)对监理单位考核情况

监理业务考核。监理单位接到管理处通知后应按通知时限及时进场开展监理工作。由于监理单位延期进场原因，导致项目时间延误和费用损失由监理单位承担，延期超过一定期限，将列入合同履约情况向集团报告。监理单位接到施工单位准备实施掩蔽工程的通知须及时回复并按要求到达现场开展监理，由于监理原因导致项目时间延误或管理处经济损失，以及施工质量问题的，扣除项目经济损失对应监理费作为违约金，并承担相应责任。

(4)对检测单位考核情况

检测单位接到管理处通知后应按通知时限及时进场检查,由于检测单位的原因,延期超过一定期限,将发函通报,延期超过一定期限将列入合同履约情况向集团报告。检测单位对检测数据负责,管理处结合现场情况对检测单位提交检测报告及数据进行审核。检测单位未按施工作业审批审核通过的施工方案及保通方案开展检测工作,检测人员所持证书过期或无证上岗的,管理处将责令停工整改,由此造成的损失及责任由检测单位承担。

第三节 机电养护业务组织现状分析

一、组织模式

1. 组织模式

集团运营管理部负责管理机电养护的资金批复、工程质量监管等监督管理工作。由管理处的收费管理科负责高速公路三大系统管理、机电系统维修维护、管理系统运行监测、收费应急处置等管理工作。管理处直接管理机电养护业务的检测、设计、施工、监理的施工过程,具体过程由交科院、设计公司、监理咨询公司三家单位负责,如图 4-3 所示。

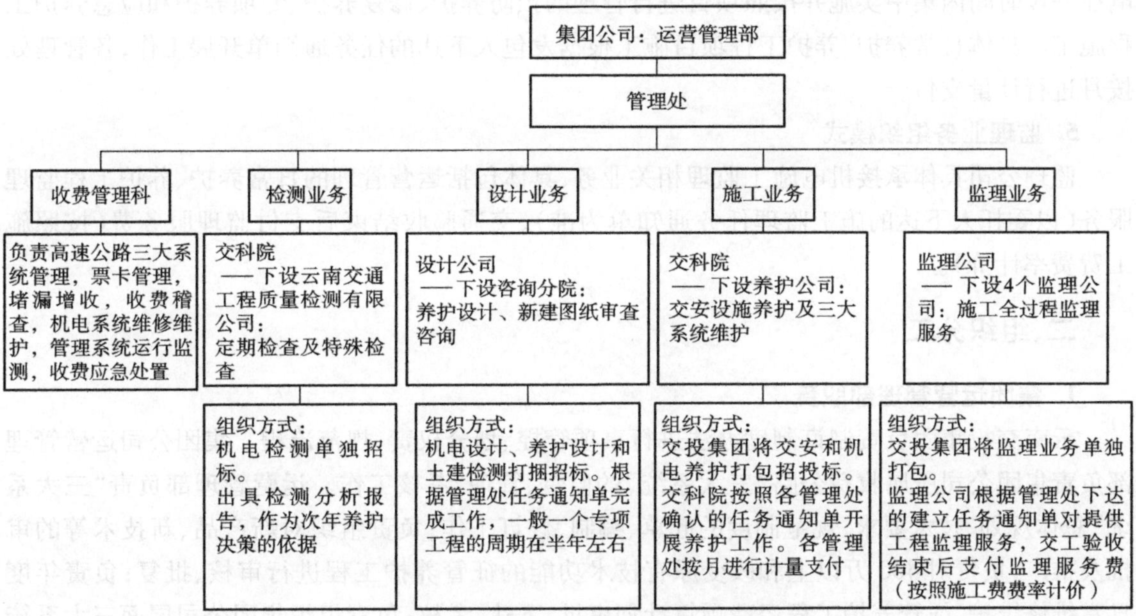

图 4-3 机电养护业务板块组织模式

各施工板块均采用公开招标的方式。其中机电检测单独招标;机电养护设计、土建养护设计、和土建检测打捆招标;交安和机电养护打包招投标;监理业务单独打包,每次工程计划监理服务期与相应工程项目的施工期、缺陷责任期一致。

2. 检测业务组织模式

交科院下设的云南交通工程质量检测有限公司具体承接机电设施检测相关业务,重点对所辖高速公路路段隧道机电设施进行技术状况评定。隧道机电设施技术状况评定的工作内容包括:开展隧道机电设施技术状况评定并提交技术状况评定报告;通过检测仪器对隧道机电设施的运转状态和性能进行全面检查、比对,并提交隧道机电设施专项检测结果报告;将技术状况评定报告、隧道机电设施专项检测结果报告及根据检测结果提出处置方案建议的相关数据录入招标人搭建的高速公路智慧养护管理平台。

3. 设计业务组织模式

设计公司下设的咨询分院具体承接机电设计相关业务,具体包括运营管理路段的交通工程机电设施、隧道机电系统、供配电、交通工程安全设施等的养护工程设计。设计业务根据管理处任务通知单完成工作,一般一个专项工程的周期在半年左右。

4. 施工业务组织模式

交科院具体承接机电养护施工相关业务,具体包括运营管理路段交通工程安全设施、交通工程机电设施、收费广场及设施设备、隧道机电的日常养护及养护工程施工。日常养护主要包括公路、联络线、辅道等涉及到的对交通工程安全设施、交通工程机电设施、收费广场及设施设备、隧道机电进行经常性、及时性的维护保养和修复其轻微损坏部分,使之保持良好状态,包括日常巡查、巡检、定期检查、保洁、维修、维护等定期开展的相关工作。养护工程主要包括公路、联络线、辅道等涉及到的交通工程安全设施、交通工程机电设施、收费广场及设施设备、隧道机电在一段时间内集中实施并按照项目进行管理的预防养护、修复养护、专项养护和应急养护工程施工。具体日常养护、养护工程项目施工根据发包人下达的任务通知单开展工作,各管理处按月进行计量支付。

5. 监理业务组织模式

监理公司具体承接机电施工监理相关业务,具体包括运营管理的日常养护、养护工程监理服务(以委托人下达的施工监理任务通知单为准),交通验收结束后支付监理服务费(按照施工费费率计价)。

二、组织分工

1. 集团运营管理部职责

云南交投集团负责制订制度办法进行事项管控、划分权责、规范流程。集团公司运营管理部负责集团公司所属收费公路“三大系统”的监督、管理、考核工作。运营管理部负责“三大系统”总体规划、技术要求、规范制度的起草、编制、修订工作;负责组织对新产品、新技术等的审批及推广;负责对400万以上和改变原有技术功能的征管养护工程进行审核、批复;负责年度日常维修维护、征管养护工程经费预算计划审批、下达、考核;负责组织集团公司层面三大系统运维管理培训工作;负责对“三大系统”运维管理工作的检查考评及奖惩等工作。

2. 管理处职责

管理处全面负责保障所辖路段“三大系统”安全、可靠、稳定运行,做好预防性维修维护和突发故障的应急排除。管理处负责年度“三大系统”运维管理经费预算、实施计划的编制上报工作,并严格按照集团公司的预算批复组织实施;负责按照部、省、公司相关系统运维管理办法组织开展“三大系统”日常维修维护工作;负责征管养护工程的设计、实施、验收、计量等工作;负责定期和不定期对辖区内“三大系统”进行软件参数验证、硬件运行情况等进行巡查巡检,及时发现故障、处理故障，做好预防性养护工作；建立“三大系统”设施设备资产台账、技术档案台账及维修维护动态管理台账、资料信息库等；负责“三大系统”的运维管理技术培训；负责建立完备的“三大系统”应急保障工作机制，编制相应的应急预案并组织演练：负责使用智慧高速软件，并根据各类软件实际应用提出功能完善需求、数据完善需求。

3. 子公司职责

交科院主要获取高速公路机电养护以及机电设施检测管理工作。其中机电设施养护工作具体为集团公司运营管理公路及在合同期限内可能增加的运营管理公路交通工程安全设施、交通工程机电设施、收费广场及设施设备、隧道机电的日常养护及养护工程施工。日常养护主要包含：标段内的公路、联络线、辅道等涉及到的对交通工程安全设施、交通工程机电设施、收费广场及设施设备、隧道机电进行经常性、及时性的维护保养和修复其轻微损坏部分，使之保持良好状态，包括日常巡查、巡检、定期检查、保洁、维修、维护（含低值易耗品、配件、设备的更换）等定期开展的日常养护工作。养护工程主要包含：标段内的公路、联络线、辅道等涉及到的交通工程安全设施、交通工程机电设施、收费广场及设施设备、隧道机电在一段时间内集中实施并按照项目进行管理的预防养护、修复养护、专项养护和应急养护工程施工。

云南交通工程质量检测有限公司（交科院的二级子公司）承接机电设施检测工作。具体对集团公司所辖高速公路路段所含隧道机电设施进行技术状况评定（具体项目的实施以委托方下达的任务通知单为准）。

设计公司主要获取高速公路养护工程的设计业务。具体包括集团公司运营管理公路、受托运营管理公路、受托组织实施招标的公路及在合同期限内可能增加的运营管理公路的路基、路面、桥涵、隧道、绿化、交通工程机电设施、隧道机电系统、供配电、交通工程安全设施、环保工程、沿线设施等的养护工程设计（包括养护项目立项阶段的方案设计及估算、施工图勘察设计及预算和施工期间的后续服务）。

监理公司主要承接高速公路养护工程的公路监理工作。具体包括集团公司运营管理公路及在合同期限内可能增加的运营管理公路的日常养护、养护工程监理服务。

三、考核管理

1. 云南交投集团对管理处考核

云南交投集团对管理处的考核通过年度“综合目标考核责任书”确定，当年年初与管理处签订综合目标考核责任书，年终组织开展考核，管理处考核得分与第一责任人薪酬挂钩。机电管理方面主要考核三大系统设备总体完好率达95%，联网收费系统平稳运行，视频上传完好率、光缆衰减、门架车道连通率等技术性能指标达到公司规定要求。

2. 管理处对业务承接主体考核

（1）对施工单位考核情况

施工单位未按施工作业审批审核通过的施工方案及保通方案开展施工，施工人员所持证书过期或无证上岗的，管理处将责令停工整改，由此造成的损失及责任由施工单位承担。

施工过程中发生违反集团公司相关规定、合同招标文件及合同协议约定条款，管理处将严格按相关规定进行违约处罚。

施工单位月度日常维修维护故障修复率未达要求，每下降一定比例，扣除当月计量日常维护工程合同价的一定比例作为违约金，在履约保证金中扣除。由于未及时修复故障导致的经济损失及相关责任，由施工单位承担。

施工单位须按管理处任务通知下达时间、计划任务完成工程项目的施工，因施工单位原因造成通知要求时间、计划任务不能完成的，由此造成的一切损失，由施工单位承担。

(2)对设计单位考核情况

对设计单位的考核主要以合同履约考核为主。设计单位未按照国家强制性技术标准、规范和规程进行设计，或在设计文件中指定或变相指定材料、设备生产厂、供应商，责令设计单位整改，并视情节严重程度在该项项目设计费中扣除一定比例作为违约金，如工程已实施，在扣违约金的基础上，对管理处及集团造成的一切损失由设计单位承担，并按规定追究设计单位人违约责任。

由于设计单位原因，造成未能按通知单的期限要求按时提供设计成果(含变更设计)的，每延期一天从该项目设计费中扣除一定比例作为违约金。

在收到管理处、受托咨询单位，或上级部门提出的审查意见后，设计单位未在期限内完成对设计文件、专题研究报告的修改并提交管理处的，每延期一天从该项目设计费中扣除一定数额的违约金。

因设计原因造成项目返工从而造成质量问题，除由设计单位负责继续完善设计外，视时间延误和费用损失，扣除该项目设计费的一定比例作为违约金。

设计单位未按合同要求提供服务，或未按管理处要求进行咨询核查的，扣除该项目设计费的一定比例作为违约金。

设计单位未按管理处要求及时选派合格的设计后期服务人员进驻施工现场的，每延期一天，扣除该项目设计费的一定比例作为违约金。

(3)对监理单位考核情况

监理业务考核情况。监理单位接到管理处通知后应按通知时限及时进场开展监理工作。由于监理单位延期进场原因，导致项目时间延误和费用损失由监理单位承担，延期超过一定期限，将列入合同履约情况向集团报告。

第四节 服务区经营业务组织现状分析

一、组织模式

服务区的监管板块主要由集团运营管理部负责统筹管理。管理处的养护工程科负责定期对服务区进行巡检和监管。经营公司下设两个分公司负责服务区日常运营管理，现由服务区管理分公司承担公益保障工作，由彩云驿商业管理分公司负责服务区日常运营管理工作，如图4-4所示。

服务区由云南交投集团授权管理处监督沿线服务区经营安全工作。管理处按委托运营合同，负责项目路段运营安全管理工作，由经营单位负责日常管理，管理处每年定期开展监督检查工作，及时发现问题下发整改通知单至各经营单位，按照合同约定进行支付结算。

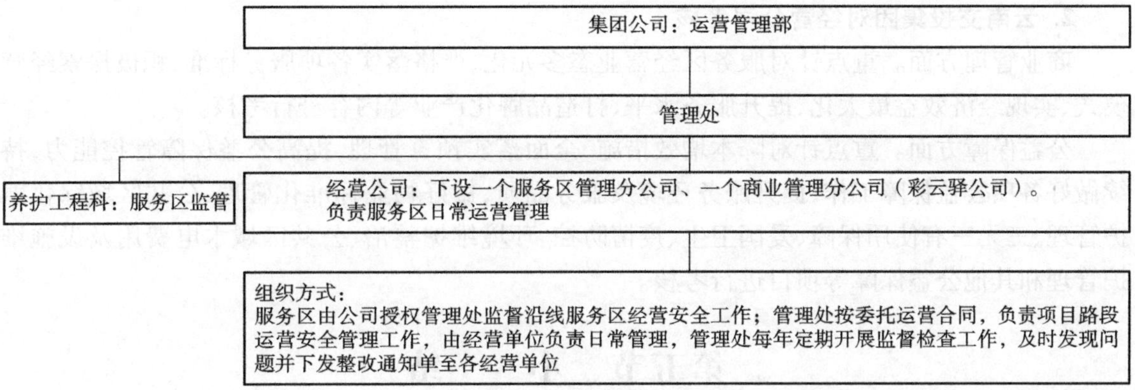

图 4-4　服务区监管板块组织模式

二、组织分工

1. 管理处职责

负责辖区内的服务区、停车区、加水站的日常监管工作及季度考核、年终考评工作。

2. 子公司职责

经营公司主要负责高速公路服务区商业管理工作和公益保障工作。彩云驿公司负责商业管理工作，具体为围绕“服务区＋X”开展商业策划和产业规划。由彩云驿公司从市场角度出发，全面分析并挖掘服务区的资源价值和经营潜力，按照“因地制宜、适度拓展、交旅融合、持续发展”的原则，实行“一线一策”“一片一策”“一区一策”，把控各服务区的市场定位和主题特色，结合旅游、体育、农产品、新能源、商贸物流等多元产业，发挥“服务区＋X”模式的资源优化配置作用，对服务区的经营性资产进行更贴合市场需求的业态规划和商业植入，提高消费体验和服务水平，充分发挥经营性资产的商业价值，以新产业和新业态激发新增量。维护租赁业务，保障租金收益。彩云驿公司继续维护租赁服务区的合作关系，监督承租方的经营活动和履约行为，依据策划定位指导业态调整和品牌植入。负责商业合同管理和租金收取工作，促进租金收缴工作的规范化、制度化、有序化，确保租金、物业费及时收缴到位，提高资金回笼率，并负责办理后续合同变更、招标、谈判、续约等手续，保障租赁服务区的稳定经营和持续提升。

服务区管理分公司负责公益保障工作。物业标准化、三有三无、垃圾清运和化粪池清掏、设施设备维护管理、绿化养护、交通疏导、免费服务设施等服务区现场管理；新增设的智慧化设施、充电桩设施、房车营地设施、小游园设施、监控设施等设施设备管理；现场经营商家涉及的卫生、安全、文明服务的现场监管；配合彩云驿公司处理商业纠纷、消费投诉、催缴租金、物业费等现场工作。

三、考核管理

1. 云南交投集团对管理处考核

云南交投集团对管理处的考核通过年度“综合目标考核责任书”确定，年终组织开展考核，管理处考核得分与第一责任人薪酬挂钩。服务区经营方面主要考核服务区服务质量监管工作，包括责任落实、监督管理、服务质量考核评价、投诉处理、重大节假日监督管理、安全监督管理等内容。

2. 云南交投集团对经营公司考核

商业管理方面。重点针对服务区经营业态多元化、严格落实各项服务标准、积极探索经营模式、实现经济效益最大化、提升服务水平、打造品牌化产业等内容进行考核。

公益保障方面。重点针对降本增效措施,全面落实预算管理,提高公益保障管控能力,持续做好各项公益保障工作,提升服务环境及服务品质,做好物业标准化管理、公共区域绿化养护管理、三无三有使用保障、爱国卫生、疫情防控、环境维护整治、公共区域水电费用及设施维护管理和其他公益保障等项目进行考核。

第五节 小 结

集团公司运管养护板块经过多年发展和探索,形成当前“投运分离、轻重分离”的模式,即重资产的投资环节和轻资产的运营环节分离,前者以投资公司、项目公司为主;后者以管理处、经营公司为主,内部运营管理组织基本满足业务需要。但从企业降本增效和实现高质量发展的要求来看,各运营板块各项业务尚处于互相分离状态,尚未实现集机电、养护、设计、咨询等综合专业的一体化服务,管理链条长、管理效率不高等问题依然存在。主要体现在以下三个方面:

一、运营管理组织架构仍有优化空间

集团公司“投融建管营”产业链上,将投资、运营严格分离,投资公司、项目公司不直接开展运营养护业务,而是作为甲方委托给管理处管理,合同关系实质上是委托给集团公司。管理处作为集团公司的分支机构,不具备独立法人资格,无须面对市场竞争,没有经营业绩压力。管理处作为成本中心,运管养护经费由集团公司年初通过预算形式确定,年终考核预算执行率,管理处缺乏降本增效动力。横向对比同类企业的运营管理板块现状,集团对管理处采取行政化、计划性的管理手段,已无法适应企业降本增效和实现高质量发展的要求。

二、养护管理效率与效益仍需提升

随着项目通车进入运营期,项目公司将路段委托给集团公司,由属地管理处开展运营管理工作,人员基数大,不利于降低运营成本。此外,在现行体制下,项目公司作为业主方,委托层级多、管理链条长的问题较为突出。以养护业务为例,委托链条从项目公司—集团公司—管理处—两个建设公司—养护绿化公司—养护绿化分公司—外包公司,层层委托的方式不仅放大风险,也推高了成本、降低了效率。

从养护模式看,各项养护业务分离、以下达任务通知单并按照工程量清单进行计量支付的养护模式,集团对于施工单位的考核主要在于“干了什么、有多少工作量”,因此对于养护施工单位来讲,会将更多精力投入专项养护施工或单价计量的修复养护施工,对于常规的轻度病害以及防止道路性能恶化的预防养护放至次要位置,不能满足当前日益提高的养护及时性需求,且不能激发养护施工单位主体活力与积极性。从养护理念看,施工作业单位对于预防养护工作不重视,先进技术、材料难以推广应用,尚不能体现全寿命周期养护的特点。从各业务具体实现来看,随着集团开展使用“智慧养护平台”“智慧高速机电运维平台”等智能化线上平台,

造成养护任务下发存在同质性,造成施工单位同时需要对线上平台以及纸质版任务通知单两份同样的任务做出回应,存在大量同质化工作。

三、绩效考核体系仍需完善

从各业务考核来看,养护管理业务考核难以体现绩效导向,激发施工单位活力。一方面是考核内容与发展要求不适应,首先针对管理处的考核内容不完善,主要集中在对于新技术新材料的考核、预算执行率、通行费完成率三方面,尚未体现降本增效的导向;其次,针对经营公司的考核标准依据尚不完善,尤其是卫生服务方面。另一方面是“一企一策”考核体系仍需完善,亟须建立与各子公司发展定位相匹配的考核兑现机制。

第五章

云南交投集团一体化运营管理变革分析

第一节　背 景 分 析

一、国内形势

1. 国家“十四五”规划

“十四五”时期是我国全面建成小康社会、实现第一个百年奋斗目标之后，乘势而上开启全面建设社会主义现代化国家新征程、向第二个百年奋斗目标进军的第一个五年。我国已转向高质量发展阶段，制度优势显著，治理效能提升，经济长期向好，物质基础雄厚，人力资源丰富，市场空间广阔，发展韧性强劲，社会大局稳定，继续发展具有多方面优势和条件，同时我国发展不平衡不充分问题仍然突出。“十四五”规划，为我国开启全面建设社会主义现代化国家新征程擘画了宏伟蓝图，我国将加快建设现代化经济体系，构建以国内大循环为主体、国内国际双循环相互促进的新发展格局，为全面建设社会主义现代化国家开好局、起好步。

2. 交通强国建设

建设交通强国是以习近平同志为核心的党中央立足国情、着眼全局、面向未来作出的重大战略决策，是建设现代化经济体系的先行领域，是全面建成社会主义现代化强国的重要支撑，是新时代做好交通工作的总抓手。“十四五”时期是加快建设交通强国开局和起步的重要阶段，我国将牢牢把握交通“先行官”定位，适度超前，推动交通发展由追求速度规模向更加注重质量效益转变，由各种交通方式相对独立发展向更加注重一体化融合发展转变，由依靠传统要素驱动向更加注重创新驱动转变，构建安全、便捷、高效、绿色、经济的现代化综合交通体系，打造一流设施、一流技术、一流管理、一流服务，建成人民满意、保障有力、世界前列的交通强国，为全面建成社会主义现代化强国、实现中华民族伟大复兴中国梦提供坚强支撑。

3. 综合立体交通网规划

国内国际新形势对加快建设交通强国、构建现代化高质量国家综合立体交通网提出了新的更高要求，必须更加突出创新的核心地位，突出统筹协调，突出绿色发展，突出高水平对外开放，突出共享发展。“十四五”时期，我国将着力推动交通运输更高质量、更有效率、更加公平、更可持续、更为安全的发展,发挥交通运输在国民经济扩大循环规模、提高循环效率、增强循环动能、降低循环成本、保障循环安全中的重要作用,构建便捷顺畅、经济高效、绿色集约、智能先进、安全可靠的现代化高质量国家综合立体交通网,为全面建设社会主义现代化国家提供有力支撑。

4. 深化国企改革

当前,国企改革顶层设计方案已经形成,改革的系统性、协调性、协同性显著增强。以《关于深化国有企业改革的指导意见》为统领、35 个配套文件为支撑的"1 + N"政策体系,标志着国企改革四梁八柱已搭建、大政方针已定型。以国企改革三年行动为代表的新一轮部署,明确提出改革的目标、时间表、路线图,旨在狠抓落实,同时也表明国企改革进入新的深水区。"十四五"时期,国企改革将继续抓重点、补短板、强弱项,在形成更加成熟更加定型的中国特色现代企业制度和以管资本为主的国资监管体制上取得明显成效,在推动国有经济布局优化和结构调整上取得明显成效,在提高国有企业活力和效率上取得明显成效,不断增强国有经济竞争力、创新力、控制力、影响力、抗风险能力。

二、云南形势

1. 云南"十四五"规划

"十四五"时期,云南省将在全面建成小康社会基础上,开启全面建设社会主义现代化新征程。当前,全省综合交通、产业基础、资源条件、生态环境、改革创新、对外开放等正逐步形成协同效应,发展方向目标思路措施更加明确,发展基础更加厚实,发展动力更加强劲。随着以国内大循环为主体、国内国际双循环相互促进的新发展格局形成,"一带一路"建设、长江经济带发展、新时代推进西部大开发、西部陆海新通道建设等国家重大发展战略和政策在云南交汇叠加,我省独特的区位优势、资源优势、开放优势更加凸显。"十四五"时期,我省将加快推进新型工业化、信息化、城镇化和农业现代化,统筹发展和安全,加快建设现代化经济体系,深度融入新发展格局,推进边疆民族地区治理体系和治理能力现代化,不断巩固拓展脱贫攻坚成果,巩固夯实全面建成小康社会成果,向我国民族团结进步示范区、生态文明建设排头兵、面向南亚东南亚辐射中心全面迈进,确保全面建设社会主义现代化新征程开好局、起好步。

2. 构建现代产业体系

党的十八大以来,省委、省政府提出"两型三化"的产业转型升级方向,着力培育八大重点产业和打造世界一流的绿色能源、绿色食品、健康生活目的地"三张牌"。党的十九大后,省委、省政府深刻把握省情变化,顺应产业变革和科技革命大势,提出了构建现代化产业体系的战略部署。即按照"两型三化"方向,推动八大重点产业高质量发展,一体推进"三大经济"(资源经济、口岸经济、园区经济),推进"数字云南"建设,强化优势产业领先地位,抓紧布局战略性新兴产业、未来产业,大力培育万亿级、千亿级产业,加快建设现代化产业体系,深层次促进国内国际产业双循环,推动云南产业由中低端向中高端迈进,工业化进程由中期向后期迈进,经济发展由中高速增长向高质量跨越式发展迈进,构筑到 2035 年建成现代化经济强省的重要支撑和基础。

3. 省综合立体交通网规划

立足全面建设社会主义现代化大局融入"一带一路"、长江经济带、交通强国等国家总体战略,强化面向南亚东南亚辐射中心综合交通枢纽地位,省综合立体交通网规划明确,到2035年,交通强省建设目标基本实现,形成高水平网络,提供高品质服务,实现高质量发展,陆路、空中、水上、枢纽协同融合,基本建成便捷顺畅、经济高效、绿色集约、智能先进、安全可靠的现代化综合立体交通网。综合交通网络覆盖更加广泛,综合交通枢纽衔接更加顺畅,综合交通网络承载能力明显提高,有力支撑“1233出行交通圈”和“113快货物流圈”。交通基础设施质量、智能化与绿色化水平进入全国先进行列,人民群众满意度明显提高,支撑现代化建设的能力显著增强。

4. 县域高速“互联互通”工程

为补齐高速公路建设短板,省委、省政府决定在决战县域高速公路“能通全通”工程的基础上,启动实施县域高速公路“互联互通”工程。以我省“五纵五横一边两环二十联”中长期高速公路网规划为基础,以“加密滇中、沿边拉通、滇西循环、互联互通”为重点,着力构建布局合理、功能完善、覆盖广泛、互联互通的高速公路网络,服务保障云南高质量跨越式发展。“互联互通”工程坚持“大干大支持、不干不支持”,充分尊重州(市)意愿,发挥地方积极性,扩大有效投资,项目成熟一个实施一个;坚持激发市场主体积极性,科学运用投融资模式,有效防范政府性债务风险。

5. 国资国企高质量发展

《“十四五”云南省国有资本布局与结构战略性调整规划》《云南省省属企业“十四五”发展规划纲要》等国企改革发展纲领性文件,将高质量发展贯穿始终,为省属企业提供了遵循。“十四五”时期,我省将增强国资国企服务重大区域布局、优化重点产业布局、提升公共服务支撑保障能力,通过推进国有资本合理有序流动、落实改革发展重点举措,统筹推进国有资本布局优化与结构调整;充分发挥省属企业战略支撑作用,在不同行业领域培育一批专业领军、资源配置、自主创新等方面强,价值创造、可持续发展、社会形象等方面优,市场话语权、引领带动作用、对经济社会贡献等方面大的龙头企业。

三、市场环境

1. 市场环境分析

从高速公路市场看,云南市场方面得益于“互联互通”等重大建设任务,省内高速公路项目机会较为广阔,但同时也带来市场竞争加剧、项目收益压力加大的挑战。全国市场方面,高速公路建设投资逐渐西移,“十四五”期间西部地区待建里程占比近50%,但市场竞争更为激烈,且对资金技术、成本管控等提出更高要求。海外市场方面,受益于经济持续发展及“一带一路”合作,亚太区域将成为核心增长区域。《云南省道网规划修编(2016—2030年)》提出与缅甸、老挝、越南三邻国“9+3+3”的15个高速公路出境通道。综合研判,云南公路的增量投资仍然较大,云南交投集团核心发展机遇仍在省内,“十四五”将聚焦省内优质项目,同时兼顾社会责任和经济效益。此外,在深化“一带一路”合作,积极参与周边国家投资方面,也要践行国企担当、逐步培育国际化能力。

从通道经济发展看,目前通道经济正朝着绿色化、复合型、智慧化、大生态四大方向升级,以实现流量变现。绿色化方面,高速公路沿线开发纷纷布局充电桩、光伏发电等新能源设施,打造面向未来的新能源解决方案。复合型方面伴随需求升级,高速公路服务区向“服务区+X”

的多功能、复合型转型升级，从而吸引客流、增强造血能力。智慧化方面，通过推动车流人流监测等运营管理智慧化、停车智能引导等客户服务智慧化升级，提升管理效率与用户体验。大生态方面，高速公路沿线经营开发思路以营造开放型生态为主，通过“内部生态＋外部生态”结合，实现资源联动和引流变现，带动服务区、文旅等产品销售，打造交旅融合生态体系。整体来看，云南交投集团正着眼未来需求，推动新能源解决方案的建设布局；立足旅客需求和服务区资源，打造“服务区＋X”的多功能、复合型服务区，针对性配置不同业态；积极运用智慧化手段，内外联动实现经营开发业务的转型升级。

从交通科技看，首先，受政策引领、需求驱动与技术进步三大因素影响，智慧高速产业正处于快速发展阶段，有望在“十四五”期间跃升为千亿级产业，围绕数字化感知、网络化连接、智能化决策三大主体，将产生新兴业务布局的市场机遇。其次，目前我国政府不断加强对碳中和领域的关注，先后颁布相关政策法规，深入落实节能减排管理。绿色低碳将成为未来交通的主要发展方向之一，由此催生出低碳经济的系列市场机遇。最后，随着人工智能技术不断发展，与经济社会的融合不断加深，未来数字经济将会成为经济发展的核心引擎基于大数据的内部管理赋能和数字经济产业日渐成为各行业重点布局的领域，传统企业加速向数字化转型。

2. 威胁与机会

（1）威胁

①收费公路政策调整对云南交投集团可持续发展有较大影响。

2020年1月1日起，全国正式取消高速公路省界收费站，实现全国运营一张网，并实现了ETC不停车快捷收费，给以往主要依赖人工的传统高速公路运营管理模式带来极大挑战。据估算，取消高速公路省界收费站及货车收费方式调整会造成交投集团通行费收入减少。此外，自1996年10月25日，云南第一条高速公路昆明至嵩明段高速公路通车以来，经历了二十多年的发展，云南交投集团所辖路段即将面临陆续收费期限到期的问题。根据《收费公路管理条例（修订草案）》，收费公路到期后要重新核定收费标准并实行养护管理收费，收费标准将进一步降低。从国家收费公路政策导向来看，一方面是收费公路政策修订工作进展缓慢，未来政策的不确定性较大，云南交投集团未来收费运营业务将受到一定程度影响；另一方面，国家层面持续推动物流降本增效，中央多次提出降低过路过桥费的具体要求，持续推动综合运输结构调整和公转铁，使通行费收入保持增长压力较大。

②经济下行压力持续加大导致公路交通出行需求增速放缓。

在国际环境更趋复杂多变以及国内经济发展面临需求收缩、供给冲击、预期转弱三重压力的叠加影响下，经济下行压力不断加大，国际竞争导致产业链重组，供应链变化，公路交通出行需求增速放缓。若货运需求下降，则会对高速公路网交通流量的增长造成一定制约。与此同时，随着产业结构调整的不断优化和持续推进，第三产业占比稳定上升，大宗物资运输需求逐年下降也是必然趋势，高速公路网通行车辆的车型结构也将逐步向轻型化转变，从而导致高速公路通行费收入增长受限，迫切需要重视收费标准的重货轻客问题。

③铁路、航空、海上运输、地方道路的发展和完善，对高速公路分流的影响比较大。

根据《云南省“十四五”综合交通运输发展规划》，到2025年，铁路营运里程力争达到6 000 km（高铁里程1 600 km），建成和在建铁路里程力争达到8 000 km。公路总里程达到

35 万 km,高速公路建成通车总里程确保达到 1.3 万 km、力争达到 1.5 万 km,新改建普通国省道 3 000 km,新改建农村公路 6 万 km。改善航道里程 1 000 km、航道总里程达到 5 300 km,新增内河港口泊位 60 个。在建及运营运输机场总数量达到 20 个。随着云南省综合交通运输体系的逐步完善,受高铁等运输方式的冲击,高速公路引流压力增大。

④国家制定实施绿色通道、重大节假日小型客车免费通行政策,高速公路营收能力将可能进一步削弱。

鲜活农产品运输绿色通道,最初于 1995 年组织实施,主要内容为:在收费站设立专用通道口,对整车合法运输鲜活农产品车辆给予“不扣车、不卸载、不罚款”和减免通行费的优惠政策。2009 年,交通运输部、国家发展改革委印发《关于进一步完善和落实鲜活农产品运输绿色通道政策的通知》(交公路发〔2009〕784 号),进一步优化和完善鲜活农产品运输“绿色通道”网络,明确界定“绿色通道”政策中鲜活农产品的范围。2010 年 12 月 1 日起,绿色通道扩大到全国所有收费公路,而且减免品种进一步增加,主要包括新鲜蔬菜、水果、鲜活水产品,活的畜禽,新鲜的肉、蛋、奶等。2022 年 11 月,交通运输部办公厅、国家发展改革委办公厅、财政部办公厅、农业农村部办公厅联合印发《关于进一步提升鲜活农产品运输“绿色通道”政策服务水平的通知》(交办公路〔2022〕78 号),重点解决鲜活农产品具体品种识别问题,进一步细化“鲜活”“深加工”“整车合法装载”等认定尺度,确保“绿色通道”政策严格规范实施,更好地惠及广大人民群众。

2012 年 7 月 24 日,国务院印发了《国务院关于批转交通运输部等部门重大节假日免收小型客车通行费实施方案的通知》(国发〔2012〕37 号),决定自 2012 年国庆长假开始,对行驶收费公路的 7 座以下(含 7 座)载客车辆(简称小型客车),在春节、清明节、劳动节、国庆节等四个法定节假日,实行免费通行政策。

⑤原有运营管理体系和模式已不能满足集团新的发展要求。

随着云南交投集团管辖高速公路里程的增加和路网的延伸,原有运营管理体系已难以适应集团新的发展要求。内部管理方面,公司管理基础还有待进一步夯实,人才储备还需充实,标准化、流程化、信息化、智能化等管理水平距离新的发展要求仍有提升空间,整体营运服务水平仍需进一步提升,才能更好满足行业发展及集团战略要求。

(2)机会

①高速公路产业价值创造空间较大。

高速公路行业本身是较好的资源,特别是有强大而稳定的现金流,并由此形成涵盖投融资、建设、营运、养护和信息服务等环节的高速公路产业价值链,价值创造空间较大。同时,2022 年《政府工作报告》提出,积极扩大有效投资,适度超前开展基础设施投资,政府投资更多向民生项目倾斜,贯彻落实区域经济一体化、“一带一路”倡议等战略,将持续推动基础设施、公共服务设施等方面的有效投资增长。

②新基建为企业转型升级提供了全新动能。

2020 年 8 月,交通运输部印发了《关于推动交通运输领域新型基础设施建设的指导意见》,明确提出到 2035 年,交通运输领域新型基础设施建设取得显著成效,先进信息技术深度赋能交通基础设施,精准感知、精确分析、精细管理和精心服务能力全面提升;泛在感知设施、先进传输网络、北斗时空信息服务在交通运输行业深度覆盖;行业数据中心和网络安全体系基本建立;智能列车、自动驾驶汽车、智能船舶等逐步应用。基于新技术提升效能的传统交通基础设施转型升级和高质量发展是交通行业今后发展的必由之路,对云南交投集团而言是实现弯道超车的历史机遇。通过有效利用既有存量资源优势,依托科技创新机制,加快推进新基建与公司主要业务领域深度融合,以科技创新手段赋能生产组织管理和业务领域发展,以数据资源赋能交通基础设施发展,构建泛在先进的交通信息基础设施,不仅可以利用新型科技手段实现交投集团主营业务降本增效,更能催生基于新基建的各种"交通+"的新业务,为公司形成新的营收增长点,形成支撑云南交投集团持续发展的新动能。

③交通强国建设对企业未来发展描绘了更广阔的空间。

2019年9月,中共中央、国务院印发了《交通强国建设纲要》。其中,在基础设施方面提出了"构建便捷顺畅的城市(群)交通网"和"构筑多层级、一体化的综合交通枢纽体系"的要求;在交通装备方面提出了"加强车路协同研发,推广新能源交通装备"的要求;在运输服务方面提出了"推进电商物流、冷链物流等专业化物流发展,促进城际干线运输和城市末端配送有机衔接"和"深化交通运输与旅游融合发展,完善客运枢纽、高速公路服务区等交通设施旅游服务功能"的要求。2021年6月,交通运输部印发《关于巩固拓展交通运输脱贫攻坚成果全面推进乡村振兴的实施意见》,进一步巩固拓展交通运输脱贫攻坚成果,全面推进乡村振兴战略实施。在交通强国建设进程中,交通基础设施特别是综合运输大通道、综合交通枢纽、轨道、旅游公路、农村公路等的建设投资还将保持较高强度,高速公路等传统基础设施面临着利用新技术改造提升的新需求,利用客运枢纽、高速公路服务区等发展交通新业态正在成为行业发展的新动能。云南交投集团作为全省交通基础设施投融资、建设和运营管理的主力军,在交通行业转型升级发展的过程中将面临更多、更新的业务需求。

3. 竞争优势

云南独特的地理区位和自然条件优势。云南属于内陆高原省份,山地占94%,大部分区域山高、谷深、分散、远离中心城市,公路依靠机动、灵活、门到门的优势,在很多地区成为主要的,甚至是唯一的出行方式;铁路网密度较低,发展潜力有限;省内水资源虽然丰富,但通航能力低,不具备大规模开发潜力。因此,云南高速公路不可替代性使得云南省内高速公路发展具有得天独厚的地域优势。此外,云南自古就是中国连接东南亚各国的陆路通道,与越南、老挝、缅甸等国相邻,与泰国、柬埔寨、孟加拉国、印度等国相距不远,是我国同东南亚国家和地区合作的战略前沿。随着西部大开发战略和"辐射中心"战略的实施,云南省将成为东南亚地区经济、贸易交流前沿,人流物流和边境贸易吞吐量将大幅增长,势必会推动云南省公路运输总量的稳步增长。

云南省各级政府大力支持公路建设的优势。云南交投集团作为地方国有控股企业,拥有公路建设、经营、管理优势,拥有特许经营及政策扶持的优势,拥有的路产、路权及沿线设施开发经营权均属于未来的稀缺资源和能产生现金流量的优质资产。云南交投集团成立以来,在筹融资、规划建设、征地拆迁和经营管理的各个方面都得到了云南内省各级政府的大力支持。

"建、管、养"一体化的体制优势。云南交投集团坚持"建设是发展,养护管理是可持续发展"的"建、管、养"一体化理念,在公路规划和建设时就统筹考虑后期的运营管理、养护管理、安全管理、经营开发等工作的需要,使云南交投集团资源配置和利用效率都得到了极大的提升，经营成本得到了有效降低，“建、管、养”一体化的管理体制使发行人具备了较强的整体运作优势。

企业文化优势。云南交投集团通过大力推进企业文化建设工程，树立了“路畅人和”的社会主义核心价值观；明确了以“三个服务”为己任，构建高速通道，助推云南经济社会发展的社会责任；提出了“服务无终点、追求无止境”的企业精神；确立了“创行业一流企业”的发展目标。企业管理制度化、规范化、科学化水平不断提升，员工的主人翁意识不断增强，领导班子团结实干，干部职工对发展充满信心，凝心聚力谋发展的格局已经形成，为“十四五”发展奠定了坚实的基础。

内部管理优势。云南交投集团对投资的企业均严格按照现代企业制度要求，建立较为完备的法人治理结构和运行机制。此外，经过十余年的发展和磨练，培养和锻造了一批熟悉项目管理、资本运作、资产经营的复合型人才。健全的现代企业制度和优秀的管理团队为集团的健康可持续发展提供了有力的支持。云南交投集团内部管理制度化、规范化、科学化水平不断提升。公路建设、养护管理、运营管理、经营开发管理等各项管理的机制体制更加完善；编制管理、劳动用工、人员调配、薪酬管理、干部聘任、职工社会保障、职称评聘、教育培训、人事档案管理等各项制度不断完备；在公路项目建设、子公司经营绩效考核、公路收费管理等各个环节全面实施了考核管理制度，保障了公路建设、养护、收费和经营开发等工作有序运行。

四、小结

1. 核心机遇

一是宏观环境方面，中国经济长期基本面仍将保持长期向好态势，云南省围绕“一个跨越”“三个定位”和“三大经济”等战略，持续推动经济社会高质量发展，为云南交投集团未来发展创造了有利的宏观环境机遇。

二是市场环境方面，在交通强国、交通强省等战略加持下，公路、铁路、港航等综合交通的投资和产业开发均迎来有利发展局面和广阔市场空间。

三是集团转型发展方面，随着综合交通板块稳健拓展，物流、经营开发等路域经济业务持续壮大，金融、科技等新兴板块探索培育，云南交投集团有望迎来传统产业夯实和新兴产业壮大的转型升级机遇。

2. 风险挑战

一是政策层面，云南交投集团所处的综合交通特别是高速公路行业兼具社会和经济责任双重属性，受行业政策影响较大；围绕公路投资融资、收费管理相关的政策，对集团投资规模、现金流和利润等核心指标均有重大影响，省级及州市政府的有关政策还将对区域公司的资源开发产生显著影响。

二是市场层面，虽然我国经济发展和综合交通大趋势向好，但仍存在经济增速放缓、交通基础设施行业债务高企、项目投资回报下探的趋势，较大的不确定性或将对集团持续增长产生不利影响；同时，随着交运企业的多元化拓展，竞争边界愈发模糊，面临的市场环境也愈加严峻，省属企业、央企、民企等各类竞争者涌入，进一步加剧竞争态势。

三是集团层面，“十四五”时期是深化改革、转型发展的关键期，对云南交投集团的管理能力、人员能力和经营思维均提出全新要求，未来或将面临一定的能力和资源匹配风险。

第二节 总体思路

一、变革目标

在充分了解集团运营发展形势的前提下，探讨对集团的生产方式、管理模式和运营方式进行改革，建立完善的资源体系，实现成本领先、集中化、差异化的战略目标，增强集团的发展能力，巩固集团在省内高速公路建设运营中的地位。

重构集团运营管理模式，夯实集团公司内循环系统，增强可持续发展动能。强化一盘棋管控体制，确保集团利益最大化，提升整体发展效益。调整绩效考核激励机制，激发活力效率，推动高质量发展。将集团公司打造为核心主业强、产业协同强、创新能力强、公司治理优、资本结构优、经营机制优的国有资本投资公司，在全省综合交通市场的竞争力、创新力、控制力、影响力、抗风险能力显著提升。

二、变革原则

坚持效益为本。充分发挥考核激励机制作用，建立全产业链、全生命周期的市场化运行机制，提升活力。以集团公司利益最大化为根本出发点，通过整合、协调等举措优化资源配置，强化集团效益“一盘棋”管控。

坚持效率优先。建立责权利对等机制，实现各个环节有序高效畅通运转，减少无效竞争和不必要的内耗，提升管理效率。

坚持统筹兼顾。统筹集团和二级公司、投资建设各板块、项目建设和运营全周期利益，平衡好稳定、风险和效率，确保改革、发展高效联动，形成合力。

三、变革思路

云南交投集团所采用的运营管理模式受到其发展沿革、功能定位、政策条件等诸多因素影响，是企业在发展过程中不断探索、动态调整以适应政策要求和市场环境的结果。“十四五”时期是集团公司转型发展的重要战略机遇期，以国企改革三年行动为契机，以供给侧结构性改革为主线，推动企业发展质量变革、效率变革、动力变革，不断优化存量资源配置，扩大优质增量供给，通过持续完善运营管理模式，提升养护能力和运营能力，打造“云南交投公路服务”品牌，为集团公司转型升级和可持续健康发展奠定坚实基础。

对于云南交投集团而言，在未来的发展过程中，可结合市场环境、政策环境和自身发展需要综合采用“重组、整合、优化”三种方式相结合的思路进行运营管理变革，确保企业资源利用及效益的最大化。

1. 重组构建运营管理体制

考虑管理处等组织机构难以适应企业降本增效和实现高质量发展的情况，通过梳理调整集团及下设二级单位运营管理资源，对管理处进行组织机构变革，整合业务、机构、技术、人力等资源，实现运营管理的转型升级。组织机构的改革发展需要具备系统思维，统筹考虑总部部门和二级单位的设置。例如，没有子公司为依托、事业部制则难以做实。因此，只有做到二者相互匹配、相辅相成，才能理顺体制机制，确保集团公司对运管板块的定位能够实现。唯有如此，运管板块才能实现高质量发展。

2. 整合运营管理业务板块

集团内高速公路的运营管理的相关业务板块存在交叉，通过调整相关业务板块资源，充分发挥集团集中管理和分散控制的优势，实现企业内部协同，在此过程中要准确把握"集中"和"分散"的程度，确保各单位可以高效发挥自身特点，助力集团运营管理一体化进程。进行业务整合的前提是在集团发展总战略的指引下，调整产业布局，整合优势资源，推动优势业务的发展，重新划分各个子分公司的业务内容和范畴，实现差异化、错位发展，从而使企业能够在市场竞争中确立竞争优势。

3. 优化运营管理运行机制

通过优化养护管理模式，提升养护维护精细化管理水平，将全寿命周期理念应用于高速公路养护管理，在保证养护服务水平以及养护施工质量的基础上，对养护资金进行科学合理分配，进一步实现降本增效；通过优化运营管理工作监管考核机制，完善养护施工、监理、检测、设计等相关单位的绩效考核指标，完善管理和考核评价机制，压实各项管理责任。

第三节　经验借鉴

一、组织机构变革方面

当前，省外同类企业运管板块在组织机构、体制机制、运行模式的实践方面各不相同，但是都呈现出"总部—二级单位—三级单位"的三级架构。集团总部分化为职能部门、事业部、管理中心三类机构；二级单位层面主要有上市公司、全资或控股子公司、分公司、管理处、管理中心；三级单位层面主要有管理分处、基层站所等类型。其中，分化最为明显的在二级单位层面，各种组织机构的设计决定了运行机制、运行模式的不同。

1. 集团层面

（1）职能部门

采用职能部门设置的企业数量最多，如浙江交通集团、山东高速集团、广东交通集团、福建高速集团、辽宁交通集团、安徽交控集团等。职能部门的职责主要包含两大方面：一是运营管理。负责高速公路收费、服务区运营管理、路产保护、道路清障工作，确保畅通；制订集团公路收费、服务区运营管理、路产保护、道路清障等管理制度，负责运营服务的应急管理工作。二是养护管理。负责已通车运营公路及沿线附属设施的养护工作，负责绿化、水土保持等工作的规划、监督、检查、考核。

（2）事业部制

采用事业部制设置的企业较少，目前只有江苏交控、湖北交投集团两户企业采用这一组织形式。以江苏交控为例，其营运事业部（安全生产巡查办公室、江苏高速公路营运管理研究院）主要职责包括全省高速公路联网收费营运管理、全系统安全管理；通行费征收稽查工作；服务区总体发展方案；路网管理；应急管理；路桥营运品牌建设及收费服务标准化和体系建设、研究江苏高速公路营运管理中长期战略规划等工作。运营事业部下设四个中心：安全管理中心、稽查管理中心、调度指挥中心、服务区管理中心。江苏交控之所以能够采用运营事业部，其抓手在于江苏高速公路联网运营管理有限公司。江苏交控合计持有江苏联网公司60.67%的股份，2019年初，江苏交控优化营运安全管理组织架构，融合原营运安全部和江苏联网公司营运安全管理职能，成立营运安全事业部，后更名为营运事业部，增设安全管理中心、稽查管理中心、服务区管理中心。营运事业部与江苏高网合署办公，运营事业部部长与联网公司总经理由同一人兼任。

（3）直属中心

采用直属中心设置的企业有仅有河南交投集团一家，在集团总部设置了运营管理中心，主要负责制订集团运营管理战略规划、目标计划和规章制度；负责集团收费、路产、机电、服务区业务管理、督查稽查和考核评价；负责集团运营管理信息化建设；负责集团路网运行监测和应急指挥调度；督促指导集团相关单位高速公路应急抢险、除雪融冰、路域治理、涉路施工作业安全管理工作；参与高速公路运营企业经营管理目标考核；承办集团领导交办的其他事项，指导协调所属运营单位相关工作。从组织类型上看，河南交投集团的运营管理中心与集团公司大数据服务中心、结算中心、成本中心等较为类似，但在实际运作过程中，与职能部门无异。

2. 二级单位层面

（1）上市公司

省外同类企业所属的上市企业普遍具备优质的高速公路资产、规范的治理体系、较高的治理能力、严格的成本管控，是开展运营管理的理想平台。以山东高速集团所属的山东高速股份有限公司为例，其运营管理路桥总里程2 932 km，其中所辖自有路桥资产里程1 555 km，受托管理的路桥资产里程1 332 km。截至目前，山东高速集团收费里程7 000多公里，其中山高股份占比约40%左右，除此之外的路段由区域发展公司运营。

（2）全资或控股子公司

子公司形式是运营管理的主流选择，这主要是因为相比于其他组织形式，子公司具有独立的主体资格，享有独立的法人地位。作为独立法人，有自己独立的名称、章程和组织机构，对外以自己的名义进行活动，在经营过程中发生的债权债务由自己独立承担。子公司在法律上其意志是独立的，母公司对子公司的经营管理活动不能进行直接的命令指挥。子公司财产独立，与总公司财产无关，母公司对子公司的控制一般不采取直接控制，更多是采取间接控制，即通过任免子公司董事会成员和投资决策来影响子公司的生产经营决策。总之，子公司作为独立的市场主体，以追求盈利为目的，自主经营、自负盈亏，具有更强的独立性、自主性，与运营板块的定位十分契合。同时，根据各个企业的特点，运营子公司又分化为投资运营型、运营管理型、区域发展型，主要区别体现在资产属性和职能范畴两个方面。从资产属性看，投资运营型是典型的重资产企业，主要负责运营自有资产，同时也会为企业业主提供委托运营管理服务，收取服务费；运营管理型和区域发展型则以轻资产为主，提供运营管理服务，成本开支主要为人工成本。从职能范畴看，投资运营型涵盖了投资、建设、运营、管理多个产业环节，与云南交投集团的前身公投司较为相似；运营管理型则聚焦于运营管理环节，类似于物业公司，职能较为单一；区域发展型则以地理范围作为划分依据，一方面承担属地运营管理职能，另一方面作为区域资源开发的主体参与市场竞争，类似于“集团公司管理处＋区域公司”的结合体，其典型代表为山东高速集团，在各个地市都设置了区域发展公司，在省外也设置云南发展公司等企业。

(3)分公司

目前采用分公司形式的有福建高速集团、河北高速集团、安徽交控集团、湖南省高速公路集团有限公司等企业。福建高速集团按照“一市一公司”原则设立 12 家运营管理分公司,负责全省 61 条已通车收费还贷高速公路和一条经营性高速公路的运营管理。河北高速集团前身为河北省高速公路管理局,2019 年改制为国有独资公司,主要运营原由省高管局管理的高速公路项目。截至 2023 年底,河北高速集团下辖 18 个分公司,管理运营高速公路里程 3 831 km,占全省高速公路总里程的 46%。以下属承德分公司为例,2020 年,河北高速集团将承赤等 5 个管理处合并设立承德分公司,管辖高速公路 5 条(段)、666 km。承德分公司下设 10 个内设部室、5 个直属单位、32 个收费站、12 个养护工区、14 个隧道管理站、一个维修大队、五个站口秩序维护大队。

3. 三级单位层面

三级单位层面作为运营管理的基层组织,机构设置较为相似。以广东交通集团为例,路段经营公司采用直线职能型组织结构。500 人以下规模时,设置综合事务部、计划财务部、收费管理部、养护工程部和路政大队。500 人以上,增设党群人力资源部。有两座 1 000 m 以上长隧道或隧道单洞总长超过 10 000 m 的营运公司,可将收费管理部中机电管理职能分离处理,另行单独设置机电隧道管理部。其中,收费管理部下设若干中心收费站,集中管理相连的多个收费站(点),共享行政和后勤资源。

4. 小结

在组织机构设计方面,全国主要高速公路经营管理企业普遍采取“总部—二级单位—三级单位”的三级架构,总部负责建制度、管协调、重服务、做监督、强考核,二级单位做好运营、养护的组织工作,贯彻集团公司的意志和战略;三级单位作为执行层,具体从事收费、养护等生产工作,提供相关服务。

总部层面,全国主要高速公路经营管理企业主要采用职能部门、事业部制、直属机构(运管中心)三种组织方式。职能部门是目前的主流方式,由于二级单位组织形式的不同,职能部门的职能职责会有所差异;事业部制需要有二级子公司为抓手,如江苏交控营运事业部与江苏高网合署办公;直属机构形式较少,如河南交投集团。

二级单位机构类型层面,是运管板块百花齐放的改革试验田,不同定位、体制、资产属性的组织机构都有实践应用。从定位上看,二级单位主要分为成本中心和利润中心;从体制上看,主要有独立法人机构(子公司)和非独立法人机构(分公司、管理处);从资产属性上看,主要有重资产(投资运营子公司)、轻资产(运营管理子公司)、无资产(分公司、管理处)三种类型。

二级单位机构选择影响因素方面,主要与发展历史、改革进程、市场化程度、收费公路性质等因素有关。一般而言,从事业单位转企时间较短、市场化程度不高、收费还贷路为主的企业,偏向于选择分公司、管理处等非独立法人组织;反之则选择子公司等具有独立法人资格的组织形式,是当前二级单位的主流模式。

二级单位要素配置方面,在选定组织形式之后,改革的路径主要是通过对资产、人员、业务的不同组合配置,形成不同的经营模式。如业务涵盖投资建设运营一体型的子公司,同时拥有高速公路资产和生产人员队伍;业务仅涵盖投资建设的子公司或项目公司,只有高速公路资产,没有生产人员队伍;仅开展运管服务的管理公司,性质类似于物业管理公司,仅有生产人员队伍。

二、降本增效方面

1. 注重数字化赋能宏观决策

进入“十四五”以来，各省响应国家关于数字化建设、数字化转型的要求，逐步开展数字化相关实践，通过高速大脑，指导智能分析和决策。其中，浙江沪杭甬研发上线视频一体化运维平台，对路上的智能感知设备进行智能监测，通过提升道路运行和维护工作效率，实现了从故障提醒、工单下发到故障排除、统计分析的全流程闭环。江苏交控建成数智管运大数据平台，搭建数据“共享池”，构建营运管理综合效能评价体系，在手机终端实现营运管理数据一秒查询、指标一键分析、管理一网触达。广东交通集团打造路运一体化可视监控指挥平台，整合广东省高速公路营运管理、路政、救援、服务区和汽运等板块信息资源，实现跨企业、跨部门之间的协同。蜀道集团启动高速公路“1 个路网运行智控平台 +7 个业务管理平台”的数字化平台建设，以集团大数据平台作为底座支撑，分析应用、汇聚展示各业务信息平台运行数据，7 个业务管理平台作为路网运行智控平台的强力支撑。

2. 建设路网收费运营分析平台支撑主业

为进一步提升路网通行效率，减少交通拥堵、事故发生，部分省份通过搭建路网收费分析平台，进一步提升收费运营业务服务能力、管理效率。其中，江苏交控搭建一路三方协同管控云平台，统一路网事件处置业务流程、拥堵预测预警、AI 事件主动告警等智慧能力。上海城投公路集团 S32 申嘉湖智慧高速全线路侧布设了毫米波、激光雷达、边缘装备等多种新型基础设施，打通收费、治超、两客一危数据，通过车辆级微观驾驶行为轨迹和路径溯源研判分析，实现了重点车辆的实时监管。广州交投集团打造营运管理平台，将高速公路的收费、监控、路政、养护、机电业务的运营、运维等信息进行数字化，针对不同业务范围提供个性化功能，对上进行营运管理决策辅助，对下赋能路段实际业务工作。

3. 技术与制度支撑提高应急处置能力

在应急保障能力上，各省结合智慧化平台，缩短应急响应时间，提升应急响应、指挥调度能力。沪杭甬公司通过毫米波雷达、视频数据结构化和主动管控设备布设，实时跟踪车辆、监控驾驶行为、30 s 级主动发现事件及分车道交通管控。上海城投公路集团构建出实时交通流动态数字孪生模型，实现高速公路 24 h 全覆盖、无人化、全方位扫描巡检，交通异常事件秒级自动识别。重庆高速集团共设置清障救援点 93 个(平均辐射半径 21.51 km)，配置各类清障车辆 311 辆，各清障救援点 7 ×24 小时备勤，根据隧道车辆自燃事故处治经验，并结合全隧道监控设备，实施“3 min 发现报警、核实报警和信息流转，10 min 交通管制灭火自救和人员疏散”，30 min 作业完成率 94.68%。深高速以智能化、信息化为驱动，开展路网监测与指挥调度平台建设，实现“路警联勤”的功能，提供准确、及时的事件预警服务，对救援服务质量和事件现场处治情况进行远程监督并自动生成后评价报表。

4. 因地制宜开展智慧收费站建设

各省从提高收费站通行效率、提升自助智能化程度、优化人员配置等方面，在收费站通行管理新模式—智慧收费站上进行相关实践。其中，广州交投集团于 2021 年运用数字孪生系统、智能收费机器人、收费车道无岛化等智慧交通建设完成机场收费站升级改造。采用主线—匝道自由流门架预识别、车道二次识别、历史大数据相结合分析校核，实现收费机器人对车道内待交易车辆车牌、车型精准识别，一条车道设置两台收费机器人和一名收费员，CPC 卡车辆平均通行时间比传统人工操作节省 2.3 s。重庆高速集团采用“匝道预交易 + 三级诱导 + 车道验证”技术，打造“匝道自由流与收费车道联动”的收费新模式。匝道自由流预交易系统通过在收费站前方高速公路设置龙门架，将 ETC 交易从出口车道提前到匝道上进行，车道交易时间由原来的 200 ~ 300 ms 降低至 40 ~ 50 ms，已成功在新通车的城口收费站、升级改造的 G65 巴南收费站、G5013 科学城收费站上线。

5. 先进技术和有效机制促进养护管理保持高水平

在养护管理水平提升上，通过构建养护标准体系、推动养护市场化改革、优化养护发包模式、提升智慧巡查能力等方面举措不断提升自身养护管理水平。其中，江苏交控围绕“养护管理、技术创新、能力保障”三大核心，打造了具有江苏特质、行业特性、企业特色的“苏式养护”品牌，明确了品牌核心价值、内涵、愿景和养护理念、构建了养护标准体系，不断推动养护技术专业化发展以及养护信息化管理、数据赋能养护决策等专项提升。广东交通集团不断深化养护市场化水平，目前养护业务已全部实现市场化。下属养护子公司与外部养护单位公平竞争集团养护业务，现阶段主要有六家单位负责广东交通集团养护业务，其中一家为广东交通集团自有公司；同时，在养护招投标机制上，采取 3 +2 合同模式，通过考评结果，核算养护费用，有效提升了自身养护水平，同时降低养护成本。广州交投集团在广州市城市道路巡查项目中使用智能道路巡查车进行巡查作业，智慧巡查系统通过边云协同实现路面病害、路侧设施缺损的自动识别、自动定位和自动统计分析，为道路养护提供一套高性能、高精度、软硬件一体化的道路智能化巡检解决方案，极大提升了道路巡检的智能化水平和工作效率。

6. 注重文化和品牌体系建设提高影响力和向心力

在文化体系建设上，高度重视自身企业文化体系和品牌建设，依托高速公路公路运营业务，凝练特色服务理念，打造了各类服务品牌并向公众推出，有效赋能企业发展。其中，沪杭甬公司建立了“同责、同心、同创”的家文化，打造了“向心之家”员工休闲娱乐区，此外，打造发布了公司“智鼎 · 沪杭甬”文化品牌，进一步深化了沪杭甬公司全国高速公路运营服务第一品牌打造进程，持续扩大公司品牌影响力；江苏交控围绕提升“快速畅行体验感”和“品质服务体验感”，在党建、营运、养护、企业文化等方面发力，打造了“苏交控 · 五力先锋”党建品牌、“苏高速 · 茉莉花”营运品牌、“苏式养护”专业品牌、“通达之道”文化品牌、“通达美好未来”社会责任品牌等一批展现国有企业勇担当、挑大梁的企业品牌，用品牌引领企业各方面发展；深高速党委积极汲取伟大建党精神和深圳“敢闯敢试”的特区精神，结合自身“十四五”发展战略，梳理编制《企业文化理念手册》，规范核心理念和应用理念，凝练出“精研为深、自强为高、拼搏为速”的企业精神和“创”的文化品格，统一思想认识。

7. 收费管理高效化

在实现收费管理高效化上，通过压缩管理层级推进扁平化管理、探索收费运营业务外包降低管理成本、试点收费站包干制促进降本增效、推进人员一岗多能等方面举措不断促进收费管理高效化提升。其中，蜀道集团正在稳步推进运营公司的管理体制改革，探索实施扁平化、集约化的运营管理模式，对条件成熟的高速公路运营公司实行片区化管理，实现“精简机构、优化配置、效益最优”；上海城投公路集团采取收费业务整体外包给相关运营集团的方式开展具体业务，高速公路运营管理中心负责对相关运营单位进行考核，外包合同一年进行一次招标，有效提升了降本增效水平；沪杭甬公司实行了收费站包干制度，根据流量等情况设定收费站人工成本包干工资总额，由站长负责统筹安排收费站人员数量，有效提升了收费站人员效率水平；重庆高速集团在对收费站进行智慧化提升基础上，加强收费站所内复合型人才梯队建设，进一步提高收费班长综合业务水平，开展现场机动岗位轮岗交流活动，进一步挖掘员工内在潜力，切实加大后备队伍培养，提高收费站人员现场工作效率。

8. 创新科研机制实现科技支撑

在科研体系建设上，积极寻求外部合作，与行业主管单位等共建科研平台，从高层推动科技创新发展，同时以企业形式开展具体科研任务，用企业经营效益要求倒逼科技成果转化，提高科研效益。其中，广东交通集团以广东省科学技术厅与交通运输厅共建的广东省交通科技协同创新中心为主导，委托第三方公司协助管理集团的科研创新平台，并为其提供相应的研发费用支持，通过有机整合广东省交通集团有限公司科技研究开发中心等四个省部级科技创新平台，逐步构建科研成果转化平台、高速公路全寿命数据决策平台、设备校准和实验数据控制平台、高端技术咨询服务平台、隧道与地下空间科技平台等，通过创新平台建设逐步探索、寻找新的业务模式和盈利模式，将科技优势打造成集团的核心竞争力，为行业政策研究、科技创新战略提供技术支持和保障，为客户提供更好的技术服务。浙江交通集团根据国家和浙江省科技成果转化相关政策，加大科技创新激励力度，明确科技成果转让方式、权益约定和收益分配等，实行“一成果一方案”打通科技成果转化渠道。探索设立科技成果孵化基地，培育专业服务团队，寻求适宜、契合、可行的孵化战略性产业的路径，将科技成果转为培育战略性新兴产业优势动能，形成科技与产业相互促进的良性循环。

第四节　变革内容及可选路径

一、管理协同：机构整合和组织优化

1. 运营管理模式改革方案

当前，云南交投集团运营模式采用“集团（运管部）—管理处—基层所”结构，各管理处职能科室设置全面，功能齐全，现场管控能力强，类似于小型区域管理中心。但是，管理链长、层级多，降本增效还有一定空间；各管理处运营管理里程存在差距、综合管理难度较大的弊端逐渐显现。考虑创新优化组织架构，可以通过建立“区域管理”模式，实现独立经济考核，在管理处的基础上将每4~5个地理位置相邻的基层单位整合成立若干子（分）公司，建立集约型管理模式。

（1）可选路径一：运营管理子公司+若干子（分）公司模式

总体思路：云南交投集团运营管理改革可考虑采用运营管理子公司模式+若干子（分）公司模式，形成“运营管理子公司—若干子（分）公司—基层站点”的三级运营管理体系。主要考虑因素有以下两个方面：一是云南交投集团之前曾设立过运营管理子公司，但是由于管理处与运营管理公司共存，体制机制尚未完全理顺，导致实际运行中存在各种困难；二是云南交投现有各管理处运营管理较为顺畅，采用这种模式可以最大程度沿用现管理处人员、机构等，同时遵循“就近合并、集约管理”的原则，根据现有路段和新建路段采用不同的整合方式，主要可参

考浙江交通集团、辽宁交投集团等省份。

主要做法:集团下设一个运营管理总公司,以子公司形式独立运营。以现有管理处为主体,将管理处作为运营管理总公司下设子(分)公司。对于现有路段,充分利用现有管理处,将各管理处按照运营管理里程1 000 km左右进行整合,成立片区运营子(分)公司;对于新建路段,以现有项目公司为基础,项目建成后委托运营子(分)公司进行管理。其中,集团负责运营管理总公司的经营管理考核;运营管理总公司负责统筹集团高速公路运营管理工作,对各子(分)公司开展目标责任考核;各子(分)公司作为高速公路运营管理主体开展具体管理工作。

子公司形式是各省交投企业运营管理的主流选择,全国一半以上的省级交投企业正在运用此模式。采用此模式的优点在于:一是根本上解决组织机构属性问题,引入具备独立法人资格的运营公司,分担集团相关风险责任。二是子公司作为独立的市场主体,以追求盈利为目的,自主经营、自负盈亏,有利于进一步提升运营管理主体活力、实现运营板块的降本增效。三是由于运营主体性质的变化,将会引起集团考核方式的改变,更有利于发挥企业绩效考核指挥棒的作用。

采用此模式的缺点在于:一是改革力度较大,推行难度较大。二是以子公司形式运行,会增加各类显性的运营成本。

(2)可选路径二:运营分公司模式

总体思路:考虑采用若干运营管理分公司模式,最大程度沿用当前云南交投集团的运营管理模式,形成“集团(运营管理部)—运营分公司—基层站点”的三级运营管理体系。可重点参考福建高速集团、河北高速集团等地的改革经验。

主要做法:集团内设运营管理部,以现有管理处为主体成立相应的分公司,根据现有路段和新建路段的特点以1 000 km左右的运营管理里程进行合并整合,现管理处下设的基层站点可以保留。其中,集团运营管理部统筹承担高速公路的收费管理、养护管理、应急管理等运营管理工作,对各运营管理分公司开展目标责任考核,各分公司作为高速公路运营管理主体开展具体管理工作。

全国约20%以上的省级交投企业正在运用此模式。采用此模式的优点在于:一是运营分公司模式有利于最大程度上沿用目前的管理体制,改革推行相较运营管理子公司模式容易,对激发各管理处活力有一定作用。二是分公司模式可以和集团合并纳税,降低部分成本。

采用此模式的缺点在于:一是未彻底实现自主经营、自负盈亏。二是不具备独立法人资格,不利于分担集团相关风险责任。

(3)可选路径三:事业部+管理处模式

总体思路:考虑采用“事业部+管理处”模式通过理顺各方权责,促进考核管理有效开展,形成“集团(运营管理事业部)—管理处—基层站点”的三级运营管理体系。这种做法最为贴近云南交投集团现有的运营管理模式,可参考河南交投集团的运营管理中心模式。

主要做法:以现有运营管理部为基础成立运营管理事业部,现有管理处调整为运营管理事业部的分支机构,各管理处的现有职能不变。集团可对运营管理事业部模拟企业进行经营考核,但在实际运作过程中,与职能部门无异,事业部可以进一步对管理处生产经营指标进行考核。

采用此模式的优点在于:一是事业部改革是与现有体制最为贴合的改革方式,对于现有体制改变较小,各方接受度较高。二是对事业部模拟企业进行经营考核,一定程度上也可提升管理处活力。

采用此模式的缺点与运营分公司模式相似。

综合来看,成立独立子公司能最大程度激发各管理处的活力,促使其实现自主经营;事业部改革是与现有体制最为贴合的改革方式,对于现有体制改变较小。若改革基础条件尚不具备,也可根据实际情况分阶段推进。

2. 项目公司改革方案

随着高速公路网络规模的不断扩大,云南交投集团高速公路项目规模大小不一、"一路一公司"模式弊端逐渐显现,一方面集约化经营程度不高,管理机构较为同质,人力资源利用率不高,各类资源不能做到合作共享和最优配置;另一方面随着集团公司所属高速公路里程的不断延伸,项目公司数量增多,导致管理半径过宽而影响效率。因此,为实现降本增效,按照"虚拟运营、合署办公"的原则,提出适用于云南交投集团项目公司体制改革的三种可选路径。

(1)可选路径一:项目公司虚拟化运营

总体思路:项目公司项目建成后,采用全委托运营管理,实行"一盘棋、一套机制、一个标准"的管控体制。项目公司将所属道路运营管理工作委托给集团公司,统一纳入集团公司运营管理体系进行一体化管理,严格执行集团公司相关管理制度、办法,与集团公司权属道路执行同一管理、检查及考核标准。由管理处统一代管,项目公司不做常态化机构及人员配置,每个项目公司确定一个兼职联络员,实现沟通联系作用,进一步精简人员。项目公司将其所属道路的运管管理全部内容,包括但不限于通行费征收、养护、安全、规范运营、文明服务、路产路权维护、服务区监督及管理、公路范围内的预警、预防、预报、突发事件、自然灾害的抢险保通等运营管理工作及沿线服务设施服务质量及安全生产的监督管理委托给集团公司开展运营管理工作,具体业务由相对应的管理处承接。

项目公司虚拟化运营的主要优点在于可以最大程度上实现减员增效。主要缺点在于实现项目公司虚拟化运营与现状跨度较大,转型难度较大。

(2)可选路径二:项目公司合署分治

总体思路:按照片区化原则,合署设置部门联合办公,管理人员为同一团队,设置同一党组织(原则上为联合党支部),负责合署多个项目公司的统一管理。实行合署分治的各项目公司,董事长原则上为联合党支部书记。各项目公司总经理及具备条件的董事、监事,原则上依具体人数情况,尽可能纳为联合党支部委员。各项目公司按照各自《章程》委派董事、监事及经理层人员,依法履行项目管理主体责任,具体执行日常管理。

项目公司合署分治的主要优点在于结合项目公司通车运营管理实际,对现有体制的适应性较强,有利于减轻各项目公司管理事项及管理内容的"同质化",进一步精简机构,降本增效。主要缺点在于虽然采用合署分治的方式进一步实现了减员增效、精细分工,但相对后期开展运营管理工作而言,尚未达到最精简化的效果。

(3)可选路径三:剥离项目公司运营管理相关工作职责

总体思路:将现有项目公司职责中的运营管理相关任务剥离,项目公司只负责投资和建设管理,项目建成后,直接交由集团委托管理,管理处具体实施,减少业务管理人员。

剥离项目公司运营管理相关工作职责的优点在于对现有体制机制的改动最小,同时还可以将投资公司的工作专业化、精细化。缺点在于各项目公司的同质化业务并没有减少,未能实现精简机构的目的,降本增效的效果不佳。

综合来看,项目公司虚拟化运营能实现项目公司人员和结构的最精简化,同时也能实现最佳工作效益;单纯剥离项目公司的运营管理相关工作职责可实现各方职责的相对清晰,但所有方案的共同点在于都要将项目公司的运营管理相关工作职责从项目公司转移到管理处,项目公司的工作应集中于投融资和建设管理。

二、运营协同:部分业务一体化运营

集团管辖高速公路大多相连或相近,使得一体化运营模式成为可能。对于高速公路养护、收费管理、服务区管理、机电管理、清障施救等业务而言可以通过进一步提高具体承接业务的子企业的集中度,减少内部的业务重复度,形成“大营运”格局。一方面通过形成更大的经营规模来实现更大范围内资源配置更优和专业程度更高,提升市场话语权和影响力;另一方面,通过改进、再造重点业务流程,提升关联部门协同配合能力,有效提高集团公司在规模化经营条件下的专业化水平,实现管理和效益的双提升。

1. 养护业务板块改革方案

随着全省高速公路逐渐走出建设高峰期,集团公司高速公路主业将从“建设与运营并重”向“运营为主、建设为辅”转变。为维护好集团存量高速公路,要提高养护管理能力,提升养护效益质量,可考虑按照“主业集中、业态相近、优势互补、专业运作”的原则,建立专业养护公司。通过横向整合相关养护业务后,能够更好地推动养护资源集中,形成养护合力,实现做大做强养护品牌,进一步提升养护的竞争力、影响力、品牌力,更好、更快地提升路网运营服务品质和养护应急保障能力。

(1)可选路径一:成立专业养护集团

总体思路:云南交投集团高速公路的养护工作由云岭公司和公建公司共同负责,但是两个公司的养护管理范围有所重叠,且养护板块体量在两个建设公司中占比较少,并不是主营业务。按照国企改革方向,建议参照外省经验,将养护业务从两个建设公司中剥离出来成立一个专业的养护集团,综合开展集团内外部养护检测、日常养护、养护工程、养护技术及养护材料等养护全产业链业务。可参考浙江交通集团、新疆交投集团、山西交控集团等成立专业化养护单位的相关经验。

成立专业养护集团的优点在于:一是改革较为彻底,有利于减少地域交叉,集约利用资源,实现人员、机械设备、养护材料等既有养护资源的统筹调配和最大化利用;二是有利于全省布局,推动业内同质业务整合,综合开展养护全产业链业务,打造云南交投集团养护品牌的唯一载体,更有利于对外拓展市场,为未来养护时代的到来提前做准备。缺点在于:对于现状改变较大,需要稳妥推进,做好系统谋划,处理好人员、资产等相关问题。

(2)可选路径二:成立两个专业从事养护的子公司

总体思路:公建公司和云岭公司均未有专业负责养护的管理部门和机构。公建公司的养护组织、实施、管理基本由下属两个子公司负责组织;云岭公司由下属三个单位分别负责。为集约利用资源,可考虑剥离两个建设公司的养护业务,由云南交投集团按照区域划分成立两个专业从事养护的子公司。

成立两个专业养护子公司的优点在于：区域化养护公司以两个建设公司养护业务为基础进行重组整合，从具体养护工作实施方面看影响较小。缺点在于：按照国企改革整合同质化业务的相关政策导向，后期仍存在整合的可能性。

综合来看，成立专业化养护单位是大势所趋。无论成立专业化养护集团，还是两个专业化养护公司，都是作为云南交投集团的二级子公司独立运行。从具体推进看，可结合实际情况一步到位，若条件不具备也可分阶段推进。

2. 同质化业务改革方案

(1)联网收费相关业务

总体思路：综合来看，交科院与联网公司业务少量交叉，长远看需要进一步厘清。可考虑对于智能交通科技、通行服务平台的相关产品业务，进一步厘清业务边界。其中，交科院专注于将机电设施养护业务做专做强并逐步拓展省外市场；联网公司可发挥其政策性优势、汇聚全省通行数据的优势，聚焦智能联网收费科技开发业务和全省通行服务平台运营业务做深做实，实现联网收费关联业务的进一步发展，当好支撑集团发展全省综合交通产业和全省路衍经济发展的平台底座。

以联网公司全省的定位资源优势可以更好的将产品推广使用，交科院可以更好的专注于机电设施的养护施工板块，在养护施工板块做大做强，为运营养护期做准备。

(2)养护设计相关业务

总体思路：目前，设计公司承担了机电设施设计任务，但机电设施设计在设计公司份额很小；交科院承担了机电设施养护任务，机电设施为其主业。机电设施设计收入占养护收入约10%左右，为进一步提高交科院机电设施养护实力，可考虑将设计公司机电设施养护设计业务转移至交科院，由其开展机电设施养护设计施工一体化相关工作，为未来全省推进全寿命周期养护提供坚实基础。但是鉴于设计公司目前正在推动上市相关工作，该业务板块建议暂时不作调整。

(3)试验检测相关业务

总体思路：目前，交科院机电设施的检测业务份额很小，且与监理公司的试验检测业务有所重合。建议将交科院的机电检测业务整合到监理公司，监理公司具体实施土建检测业务以及机电检测业务，有利于完善监理公司检测业务链条，进一步推进检测业务做强、做专。

通过整合全集团各业务承接子公司的同质化业务，实施战略性重组、专业化整合，有利于理顺集团内养护、设计、检测业务实施链条，有效解决子企业之间的同质化竞争、重复建设等问题，实现主责主业更加聚焦，产业结构更加清晰，有序推动子企业“一业一企、一企一业、一业一强”，打造业务清晰、管理统一、运营一体的专业化发展模式，为进一步实现全省一体化运营做准备。

三、机制协同：优化业务流程和考核体系内容

1. 优化养护管理模式

(1)全寿命周期打捆招标

公路周期性养护总承包是指业主单位在合理养护资金范围内对公路的检测、日常养护、养护工程、设计、监理等实行中长期(一般5~10年以上)养护总承包，总承包单位以满足承包合

同中道路绩效考核标准为依据，为业主及道路用户提供道路养护的养护管理新模式。周期养护模式有多种实现的路径，如公路养护设计施工总承包模式、绩效托管模式等。

通过全寿命周期打捆招标，一是有利于树立长期的养护规划思路，将全寿命周期理念应用于高速公路养护，实现全寿命周期养护资金使用效益最佳。二是将前期设计和实施过程中工程监理、检测和养护评定等工作打包，极大减轻了发包方的管理工作，实现“专业的人做专业的事”，减少了项目协调界面和工作量。三是养护单位工作主动性更强，进一步激发其依靠四新技术应用、主动实施预防养护等手段实现降本增效的内生动力。

推进全寿命周期打捆招标需重点考虑：一是发包方前期方案设计非常关键，需要重点做好承包内容、承包期限、中长期养护成本测算、养护质量目标、绩效考核方式、项目管理等方面的方案设计工作。二是要对于总承包商的选择有较高要求，应该能够提供检测、分析、评价、设计咨询及施工等综合性服务，具备良好的抗风险能力、风险管理水平和资金实力。

(2)日常养护和养护工程总价发包

日常养护和养护工程采用总价发包模式，发包期限考虑中长期(一般在5年左右)。每年应达到的养护质量指标，一次性约定养护费用总额，按照养护期内约定的养护质量指标的满足程度支付养护费用。按照费用包干、目标管理和绩效考核的模式实施。

日常养护和养护工程总价发包的优点在于：一是有利于树立长期的养护规划思路，将全寿命周期理念应用于高速公路养护，实现养护周期养护资金使用效益最佳。二是养护单位工作主动性更强，进一步激发其依靠四新技术应用、主动实施预防养护等手段实现降本增效的内生动力。

推进日常养护和养护工程总价发包需重点考虑：一是发包方前期方案设计非常关键，需要重点做好承包内容、承包期限、中长期养护成本测算、养护质量目标、绩效考核方式、项目管理等方面的方案设计工作。二是承包商需要具备一定技术水平，既能够承接日常养护业务，又能够承担养护工程业务，同时具备良好的抗风险能力、风险管理水平和资金实力。

(3)养护工程单独发包+日常养护总价发包

养护工程单独发包模式。养护工程按照传统模式进行组织发包，业主负责组织管理，通过招投标的方式将具体施工项目依次分发给承包商，承包商只完成单一任务，完成之后没有承诺期，投标或合同谈判时确定承包总价及支付。单价合同一般适用于工程项目明确、具有一定规模、技术难度比较高的养护工程项目。

日常养护采用总价发包模式，由发包方明确每年应达到的养护质量指标，一次性约定养护费用总额，按照养护期内约定的养护质量指标的满足程度支付养护费用。按照费用包干、目标管理和绩效考核的模式进行实施，具体工作内容可分为维修保养、事故损失和应急养护工程三种。维修保养主要是为保持高速公路及其沿线设施的正常使用功能，实施的日常保养和修补轻微损害部分的作业，保持原有道路使用品质不下降，主要内容包括路面坑槽修补、路面裂缝治理、路面保洁等。由于事故及不可抗力造成的沿线设施、路面等修复，单价在招标时确定，按单价合同计量。总承包范围内的日常养护承包金额实行年度总价包干，实行公路km/年报价，费用超支不补。

养护工程单独发包、日常养护总价发包模式的优点在于：养护工程发包方式最大限度维持了现状，重点是对于日常养护的发包方式进行了改变，突破了以往清单价量的考核方式，有利于激发施工单位内在活力,进一步降本增效。

推进养护工程单独发包、日常养护总价发包模式需重点考虑:一是要明确养护资金投入及分配方法。对市场总量有明确预期,科学合理建立养护成本计算模型,测算养护费用实际需求,一方面建立基于地域、车道数、交通量、路龄、海拔高度、地形等多因素的日常养护资金测算与分配方法。另一方面建立动态项目库,完善基于公路全寿命周期的养护目标与养护工程投入相挂钩的养护工程资金测算方法。二是要做好日常养护的监督考核工作,建立养护效果与日常养护资金挂钩机制,确保养护实施效果。

综合来看,随着全国养护大市场的逐步形成,优化养护发包方式是提高养护效果和质量、提升养护资金效益、转变各方职能职责的有力途径。从具体推进看,可结合实际情况一步到位,若条件不具备也可分方案依次推进、选择具备条件的路段试点推进。

2. 优化考核体系

(1)管理处考核调整建议

目前,针对管理处的考核主要问题在于:一是难以激励管理处对于提升通行费收入的主动性,考核结果对于提高绩效的作用有限;二是预算考核制度与降本增效的目标产生偏差;三是考核工作尚未体现高速公路运营养护的特点,对于"四新技术"的应用考核力度较小。

管理处考核调整思路主要分为两方面,一是理顺各方考核主体之间的职责关系,调整管理处通行费考核主体以及考核比重;二是调整考核内容,调整管理处预算控制、"四新技术"考核比重。对于通行费考核,应加强分解通行费收入计划相关考核、加大通行费考核比重、加大通行费完成激励及未完成惩罚等;对于预算控制考核,应建立由于降低成本导致预算执行率不高的容错机制。

通过完善管理处考核体系,有利于提高管理处增收动力,降低运营成本,提高服务水平。

(2)联网公司考核调整建议

省交通运输厅将联网公司定位为全省高速公路联网收费运营中心、数据中心、安全中心,对公司联网收费业务进行管理及年度考核;集团公司将联网公司定位为"服务保障类",但以产值、利润为主要经营考核指标。在联网公司发展过程中存在"双重考核"问题。

联网公司考核调整思路主要为:一是按照"一企一策"的原则,建立与联网公司发展定位相匹配的考核兑现机制。二是将第一责任人的基本年薪和基础绩效年薪与省交通运输厅对联网公司的考核结果挂钩,根据联网公司实现的利润按合理比例兑现超额激励。

通过完善联网公司考核体系,有利于进一步明确联网公司发展定位,建立集团考核和交通运输厅考核的联动机制,实现考核结果与公司薪酬绩效挂钩,引导其完成联网收费主业的同时,努力创造经济效益。

(3)经营公司考核调整建议

目前,对于服务区经营公司的考核主要以商业管理、公益保障为主要考核内容,服务区监管考核的标准化、规范化程度还有提升空间。

服务区经营公司考核调整思路是:提升经营公司的运营主动性,建立科学的服务质量考核指标体系。服务区质量考核指标体系应以公共卫生间、公共场所、餐饮、便利店、客房、加油站、车辆维修、综合服务和综合管理为主要考核指标,出台相应的标准办法配套使用。同时,细化各种考核的工作内容,做到岗位责任有目标、服务操作有规程、查有记录、考核有标准、奖罚有依据。

通过完善服务区经营公司质量考核体系，一是有利于提升经营公司服务区运营管理质量，完善服务区卫生间硬件设施，确保达到规范使用要求；二是通过加强公益保障，夯实引流的基础，进一步提升服务区品质，满足各类群体对于服务区的多样化需求。

现有体制、机制不变的情况下，进一步优化完善考核体系，明确考核手段和标准依据，使相关成效与相关主体的绩效考核挂钩，最大程度发挥考核的“指挥棒”作用，是促进降本增效的最直接手段。

第五节　保障措施及相关建议

一、推动改革的保障措施

1. 加强组织保障

加强组织领导。通过成立由主要领导承担一把手的运营体制机制改革决策小组，母子公司上下联动，有序推进运营体制机制改革工作。凝聚改革共识，进一步提升集团总部对高速公路运营管理工作的统筹能力，优化同质业务工作内部组织，激发基层管理动力。加快推动运营管理体制改革，深化细化改革方案，推动改革方案的落地。明确管理流程、用工机制、绩效考核办法、人员转岗方案等，扎实推动改革工作，确保各项改革任务落实落地。

2. 加强研究保障

开展体制改革专项研究以及业务板块整合专项研究，细化各项改革实施方案。开展养护新型模式研究，探索检测评定、设计、施工一体化的养护总承包模式，推广全寿命周期养护，适时开展相关试点推进。开展日常养护资金分配方法研究，建立基于地域、车道数、交通量、路龄、海拔高度、地形等多因素的日常养护资金测算与分配方法。开展养护科学决策研究，建立动态项目库，完善基于公路全寿命周期的养护目标与养护工程投入相挂钩的养护工程资金测算方法。开展考核体系专项研究，优化集团考核机制，完善考核指标与方法，建立与各主体发展定位相适应的考核兑现机制。

3. 增强人才保障

健全人才评价体系和薪酬体系，做到既能体现职责权利和能力的匹配对等，又能充分发挥考评的导向功能，使各层级员工始终保持干事创业的激情。进一步加强人才培养，结合改革需求及当前人才能力短板，进行针对性的人才队伍建设。

4. 加大技术支撑

对集团内各高速公路公司资源进行统一管理，统一规划、经营开发和维护，打造信息高速公路和网络高速公路，形成通达集团与子公司、子公司之间、管理与业务融合互通的全覆盖网络体系，形成一个比较完善的信息共享平台，解决信息孤岛问题。加快全省高速公路数据平台建设，构建全路网智能机电一体化体系、全系统信息化运维服务体系、全省域智慧高速平台联动体系、全生态大数据分析营运体系。以智慧高速平台运行管理为载体，构建行业领先的大数据应用平台，服务好政府、集团、公众及其他利益相关者，实现经济、社会效益双丰收。

5. 重视文化建设

结合运营管理改革工作，推动企业文化迭代升级。发挥企业文化的凝聚力和影响力，不断增强作为“交投人”的自豪感。放大实现集团文化品牌的辐射作用,在高速公路运营管理方面打出自己的特色品牌并向其他主业逐步渗透,助推实现云南全省高速公路运营管理的一体化。

二、降本增效的相关建议

1. 加快实施综合引流

在宏观经济形势缓慢复苏、国家运输结构调整、通行费收入增长遇到瓶颈的大背景下,亟须突破传统经营模式,以高速公路主线与路衍经济发展为载体,通过服务引流、管理引流、政策引流、文化引流等多种方式探索创新高速公路运营服务模式,研究形成系统、全面的高速公路引流方法与落地路径,多措并举提升主业促进产业,实现路网交通量的全面提升,最大程度稳定通行费收入,为推动实现集团所属高速公路的可持续高质量发展形成支撑。

2. 促进运管业务协同

建立全网收费运营监测分析系统,实现对各类随机突发事件的提前预警,减少封路、收费站拥堵等事件的发生,或减少上述事件的影响程度,可以弥补应急力量不足的短板,整体提升高速公路的通行效率。定期对收费运营中实施的各项决策进行量化评估,例如实施封闭养护施工对交通量及收入的影响评估等是运营板块的重要需求。一方面有利于根据准确的交通量小时分布变化,对收费、养护及服务区的工作进行更为精准的安排以节约运营成本;另一方面对与收费业务相关的养护安排、差异化收费政策制定等决策提供科学的量化结论的支撑。根据宏观经济及交通指标的变化,结合高速公路门架数据、交通量观测数据、全国主要大区域交通 OD 等多源大数据,通过建立分析模型和算法,实现对全省路网交通流量时空分布的变化进行准确预判,有利于集团开展相关决策,如存量项目改扩建的时机选择、新建项目选择等。

3. 优化养护管理模式

建立高效、便捷、可控的养护管理模式。加快构建涵盖技术状况检测评定、目标设定、需求分析和养护计划编制的科学决策体系。优化高速公路技术状况监测体系,加快推进养护决策支撑信息系统建设,构建以技术状况为依据的养护决策评价体系和辅助决策系统。强化各类检测监测数据的决策分析,形成数据驱动型养护科学决策工作机制。加强科学决策成果的应用,构建高速公路养护工程项目库,并实现动态管理。开展全寿命周期养护试点、设计与工程质量控制一体化试点,推行施工单位对设计年限内的养护质量承诺制度,逐步积累路况数据和试点经验。优化日常养护资金分配方法,改进日常养护发包方式,重视结果导向,加强养护效果考核,促进日常养护质量提升。

4. 推动数字化转型

运营业务以数字化、网络化、智能化为科技研发的主攻方向,统筹重大技术研发与应用和创新体系建设,推动运营业务的数字化转型,打造智慧隧道、智慧桥梁、智慧收费站、智慧服务区和智慧路网等场景,积极探索 ETC 技术、无人收费站、自由流技术创新与突破。参考借鉴先进省份经验,先行在交通量较少的路段试点发卡机器人、无人售卡机等,推动收费运营降本增效。依托建设期 BIM 数据、历史数据等,并应用先进测量与快速建模等技术,结合既有养护系统以及养护大中修工程、改扩建工程等,推进公路资产数字化,重点完善地理信息、线形指标、安全设施、服务设施等信息,推广在线巡检、设施监测、防灾应急等场景应用,提升路况检测能力,逐步实现数据信息现场采集、填报,加强基于数字技术的养护评价、预测、决策等算法模型研究应用，优先构建基层路网智慧养护平台。鼓励养护与改造工程应用数字化技术。探索特殊路段限速、限载、限高等重要标志数字化联动预警，为精准实时导航、车路协同、自动驾驶等提供支撑。

5. 加强重大前瞻性问题的跟踪研发

加强对于企业发展相关重大政策的研究和分析能力，与上级部门充分对接，一方面密切关注政府政策的变化，及时掌握政策动向，定期围绕国家、行业以及云南宏观政策变化，开展宏观政策对集团主业及产业的影响判断，做好政策风险应对准备；另一方面争取更多企业利好政策，研究提出收费公路到期的一揽子应对措施，提前研究四网融合发展趋势给收费主业带来的机遇和挑战，为运营业务的可持续发展奠定基本的政策基础，争取在政策制定阶段为政府部门提供政策创新方案和思路，进一步助力企业自身乃至行业发展。

第六章

高速公路“互联共享”一体化运营管理展望研究

第一节　云南省高速公路发展现状

一、发展历程

云南省高速公路发展历程分为五个主要阶段：第一阶段为1984—1997年，云南高速公路处在起步阶段；第二阶段为1998—2010年，云南高速公路路网骨架初步形成；第三阶段为2011—2015年，云南高速公路迎来加速发展时期；第四阶段为2016—2020年，云南高速公路加快成网；第五阶段为2021—2025年，优化高速公路网络阶段。

1. 起步阶段：1984—1997年

云南公路起步晚，发展慢，等级低。1985年，修建扬武至红龙场干线公路项目，这是云南高等级公路建设的开端。1986年7月底云南省公路局安排云南省路桥工程四公司承担碧鸡关至安宁一级公路的改扩建工程，云南省公路工程五处负责昆明至石林新建二级公路的施工任务。1989年9月23日，碧鸡关至安宁一级公路建成通车，结束了云南没有高等级公路的历史。1990年12月29日石林至安宁一、二级公路全线建成通车。石安公路建成通车让人们切实感受到了高等级公路的优越性。石安公路全长120 km，其中小石坝至关上7.8 km为汽车专用一级公路，关上至安宁33.4 km为一级公路，其余为二级公路。

在“七五”（1985—1990年）期间高等级公路建设探索实践的背景下，云南省公路建设从“八五”期开始进入了一个新的历史时期，高等级公路建设逐渐被人们所认可，并逐渐深入人心。1992年4月至7月省委省政府先后16次听取公路建设的情况汇报，作出了“大干三年基本完成六条干线公路改造任务”的决定。六条干线全长3 829 km，六条干线指的是昆明通往景洪、瑞丽、曲靖、水富、罗村口、河口的六条公路，都是云南通边、出省、入海的重要通道。

1992年12月18日，昆曲公路易隆—曲靖段拉开了施工序幕，技术标准为二级公路；1994年9月27日，昆曲公路昆明—易隆段开工建设，其中昆明—嵩明段45 km为高速公路，嵩明—易隆段为二级公路。易隆—曲靖段于1996年1月18日正式通车，昆明—易隆段于10月25日试通车。“九五”期的第一个年头，云南高速公路实现了零的突破，成为云南公路建设转向高速化的重要标志。“八五”(1990—1995 年)期间,云南全省新增公路 11 700 km,其中二级以上公路增加了 722 km。

进入“九五”(1996—2000 年)后,云南公路建设继续保持快速发展的势头。1995 年 11 月 8 日,引入亚行 1.5 亿美元资金建设的楚雄—大理高速公路开工。1996 年,云南第一条高速公路昆嵩高速公路(全长 44.95 km)通车,拉开了云南高速公路建设的序幕。1996 年 12 月 28 日采用股份制融资修建的曲靖—陆良高速公路开工。1997 年,省政府决定由红塔集团等四方投资,在昆玉二级公路基础上拓宽修建六车道的昆玉高速公路。1998 年 10 月动工修建玉溪—江川高速公路,这是云南省由地县组织修建的第一条高速公路。1999 年 11 月 15 日玉溪市与红河州联合建设通海—建水高速公路,红河州鸡街—石屏高速公路也在同日开工。云南在 1996—2000 年期间开工建设的高速公路还包括昆明南过境高架公路、玉溪—元江高速公路、大理—保山高速公路、曲靖—胜境关高速公路、元江—磨黑高速公路、昆明—石林高速公路。云南高速公路建设在凝聚共识中实现了良好的起步。

2. 路网骨架初步形成:1998—2010 年

1998 年,应对亚洲金融危机,党中央、国务院决定扩大国内投资,重点加强铁路、公路等基础设施建设;2000 年,党中央又做出实施西部大开发等的重大战略决策,云南高速公路建设作为国家高速公路网规划中的重要组成部分,迎来了快速发展的难得机遇。

20 世纪 90 年代后期,组建了昆瑞、昆磨、东部三个高速公路建设公司,掀起了高速公路建设热潮,建成通车玉元、元磨、安楚、楚大、大保、曲胜、砚平、嵩待、昆石等九条高速公路。

“十五”(2001—2005 年)期间,云南高速公路建设保持了高位增长的态势。全省建成玉溪至江川(26 km)、大理至保山(166 km)、曲靖至胜境关(74 km)、昆明至石林(78 km)、元江至磨黑(147 km)、砚山至平远街(67 km)、嵩明至功山(56.5 km)、鸡街至石屏(101 km)、通海至建水(66 km)、安宁至楚雄(130 km)共十条高速公路,新增高速公路里程 911.5 km。

“十一五”(2006—2010 年)期间,“十一五”期间,云南高速公路建设继续保持良好的发展势头,圆满完成了国道主干线改造和西部开发省际通道的建设任务,“十一五”时期,全省完成公路建设投资 2 022.67 亿元,为“十五”时期 777.48 亿元的 260.67%。思茅—小勐养、平远街—锁龙寺等 17 条高速公路相继建成,新增高速公路 1 209 km,到 2010 年年底,全省高速公路通车里程达 2 630 km,出省通边、内外连通的高速公路主骨架初步形成。

3. 加快发展阶段:2011—2015 年

2011 年,云南出台《“十二五”云南交通运输发展的总体思路和重点任务》,提出以国家高速公路网和重要国道、省道为依托,围绕“七出省、四出境”公路大通道,重点实施大通道中的高速公路“断头路”以及连接省际、州市的高速公路项目,加快推进拥挤路段扩能改造。开工建设龙瑞、嵩昆、昆明东南绕、宜曲、昭麻、小磨、楚广以及功山至待补、昭通至会泽等高速公路项目,总里程约 1 300 km;持续抓好武昆石锁、锁蒙、大丽、丽江机场高速、昆明西北绕、磨思、石红、保腾等续建项目。

2015 年 8 月 31 日,武定—易门、江川—通海、功山—东川三条高速公路开工,拉开了云南公路基础设施“五年大会战”的序幕,也拉开了加快滇中城市经济圈高速公路建设的序幕。2015 年 9 月 25 日南北大通道上的昭通—会泽待补—功山两条高速公路建成通车;2015 年 12 月 26 日麻柳湾—昭通高速公路建成通车。至此,北起昭通水富、南至文山富宁全长 1 100 km

的云南南北大通道全部打通、全程实现高速化。

“十二五”攻坚，云南共建成武定—昆明、大理—丽江等24条高速公路，总里程1 375 km，全省高速公路通车总里程达4 005 km。在建华坪—丽江香格里拉—丽江等24条高速公路，总里程1 853 km。全省13个州市通高速公路，通迪庆州、怒江州、临沧市的高速公路正抓紧建设。129个县有72个(占55.8%)通高速公路，有效促进了全省区域经济的协调发展。

4. 连接成网阶段:2016—2020年

2016年5月，云南出台《关于加快高速公路建设的意见》(云发〔2016〕19号)，以前所未有的力度推进高速公路建设。2016年云南省开始实施县域高速公路“能通全通”工程，规划建设82个项目。2016年12月，上关—鹤庆高速公路(61.42 km)和嵩明小铺—昆明乌龙高速公路(全长42.78 km)分别建成通车，成为“五年大会战”通车的第一批高速公路项目。2017年6月起，云南展开县域高速公路“能通全通”工程攻坚战。2018年，通车里程达到5 198 km，82个县通高速公路。2019年，通车里程达到6 003 km,90个县通高速公路。通过“五年大会战”，到2020年，全省高速公路通车里程超过9 000 km，基本形成“内联、外通、省内成网”的高速公路网布局，为云南主动融入和服务国家“一带一路”倡议提供支撑，为建成我国面向南亚东南亚的辐射中心提供保障。

“十三五”时期，高速公路新增里程5 000 km，是“十二五”末通车里程的1.25倍，总里程达9 006 km，实现110个县通高速公路，初步形成“五纵五横一边两环二十联”高速公路骨架网络，基本形成“内联、外通、省内成网”的高速公路网布局。“七出省”通道中除昆明至拉萨通道香格里拉至德钦(隔界河)段外，其余六个通道实现高速化，共形成14个高速公路省际出口，其中四川方向七个、贵州方向五个、广西方向两个；“五出境”通道实现境内段高速公路全线贯通，共形成五个高速公路国际出口，其中越南方向一个、老挝方向一个、缅甸方向三个。

5. 优化高速公路网络阶段:2021—2025年

“十四五”期间，全省要基本实现县县通高速公路目标。在县域高速公路“能通全通”工程基础上，以“加密滇中、沿边拉通、滇西循环、互联互通”为重点，新建陆良—寻甸等高速公路，完善滇中环线及放射线，推进滇中城市群高速公路全面成网。新建孟连—勐海等高速公路，补齐沿边高速公路干线，增加沿边支线公路。新建宾川—南涧等高速公路，实现大滇西旅游交通环线的大环线和小环线全面成网。新建泸西—丘北—广南—富宁等高速公路，提升全省高速公路互联互通水平，实现重点相邻城市直达联通、与周边省(区、市)快速畅通、与周边国家互联互通。

截至2023年底，全省高速公路通车里程已超过1万km，里程规模全国排名第二，实现了所有州(市)通高速公路，全部县(市、区)通高等级公路。根据《云南省公路“十四五”发展规划》，到2025年全省高速公路通车里程确保1.3万km、力争达到1.5万km；到2028年，县域高速“互联互通”工程实施完成，全省高速公路通车里程达到1.72万km。

二、文化建设

云南修建高速公路以来，建设者遵循以技术、质量、安全标准为核心的建设理念，实现了高速公路快捷通畅的目标。同时，云南高速公路建设追求以人为本、尊重自然，体现了人、车、路与自然的全面和谐的核心价值理念，从而使高速公路成为社会文化传播最重要的渠道。

在高速公路文化建设中,云南公路人主动融入和服务于云南建设绿色经济强省、民族文化强省战略,通过行业核心价值体系建设推动高速公路行业文化建设,提升行业文化建设水平,塑造和树立行业形象,彰显了鲜明的时代特征和丰富的文化内涵。

随着高速公路项目文化景观建设的加强,云南公路人在滇西公路文化走廊和滇南绿色生态走廊的基础上,延伸打造出了"民族历史文化走廊"和"绿色生态文化走廊"两条文化走廊带。民族历史文化走廊涵盖盐津县豆沙关—会泽、罗村口—文山、河口—蒙自—昆明及楚雄、大理、丽江、保山、德宏瑞丽和腾冲猴桥范围内的高速公路。这条公路文化走廊以"承载公路发展历程,铭记抗战历史功绩,展示地域民族风貌,弘扬时代和谐精神"为主题,多种形式植入地域文化景观,丝路文化、茶马文化、抗战文化和现代公路文化等在这条走廊上交错展示。绿色生态文化走廊起于永仁,途经昆明、玉溪、普洱,止于西双版纳磨憨,形成了一条连接川滇两省的绿色生态文化旅游公路,是一条以地域民族文化和绿色生态为两大特点打造的绿色生态文化走廊。行车于这条走廊上,可以领略丰富的金沙江干热河谷文化、猿人文化、元江热区文化、普洱茶文化、版纳热带雨林文化等多种生态文化。

三、作用凸显

云南是一个典型的高原山区省份,铁路、水运等运输方式发展滞后,在云南省综合运输体系中公路运输一直占据绝对主导地位,有着极为重要的作用[4]。高速公路是综合立体交通网基础和主骨架的重要组成部分,对经济社会发展具有重要的基础性和先导性作用。

高速公路建设筑牢国民经济循环底盘。云南是典型的投资拉动型经济,近年来高速公路建设作为投资领域的重点,建设投资维持高位运行,已成为稳投资、稳增长的重要领域,是经济增长"稳定器""压舱石"。据有关单位关于云南省高速公路建设投资对 GDP 增长贡献的研究,2016—2018 年,云南省高速公路投资对 GDP 的贡献率分别为 9. 12%、11. 94% 和 13. 95%,平均贡献率为 11. 82%;分别拉动 GDP 增长 0. 79%、1. 13% 和 1. 24%,平均拉动 GDP 增长 1. 05%。高速公路建设不仅带动了社会固定资产投资,而且建设过程中大量使用钢材、水泥、砂石料、木材沥青和汽油、柴油等。此外,还大量吸纳公路建设沿线的劳动力,稳定了省内的工程建设队伍。对拉动钢铁、建材、化工和省内流通企业,对扩大就业和脱贫致富都起到了积极的推动作用。

高速公路建设改善了出行条件,对产业发展的支撑作用显著。高速公路作为服务重要节点的快速化、大容量干线公路,主要承担国际、区域间、省际间、大中城市间的快速客货运输需求,通过畅通"大动脉",完善"微循环",全省高速公路网服务能力和运行效率得到大幅提高,进一步促进产业链供应链畅通运转,为云南人民提供了安全便捷的出行服务,无论是在运输成本、还是在运输时间方面都比普通公路大为下降。高速公路建设改善提升了沿线区域的区位优势,提高了各种经济要素的周转效率,大幅改善区域发展环境和投资环境,促进区域经济的可持续发展。

"十三五"期间,云南省新建高速公路里程达到 5 000 km,完成高速公路投资 7 056. 94 亿元,累计提供了约 7 000 万个就业岗位,仅道路运输从业人员就达 100 多万人,极大地缓解了云南省就业压力,间接拉动经济增长。同时,全省平均每年的高速公路投资直接拉动经济增长近 3%。

云南高速公路的建设，密切了城乡联系，推动了交通、商贸、旅游、饮食、娱乐、体育和服务等事业的共同发展。高速公路建设，带来的是人便于行、货畅其流，带来的是云南经济社会的快速发展，各族人民也从中得到了更多的便利和实惠。

第二节 云南省高速公路运营管理主体现状

一、现状分析

1. 云南省高速公路收费管理

(1)全省收费管理历程

云南省高速公路联网收费管理历程可分为两个主要阶段，2010—2014 年间实现省级联网收费，2015 年至今已实现全国联网收费。

① 2010—2014 年间实现省级联网收费。

2010 年之前，云南交通运输厅设置征费办公室，负责全省高速公路收费工作的政府行业管理。

2010 年，云南省交通运输厅根据《云南省机构编制委员会办公室关于成立云南省高速公路联网管理中心的批复》(云编办〔2010〕90 号)精神，成立了云南省高速公路联网管理中心，负责全省涉及其他省区高速公路联网收费及拆分业务工作。

2012 年之前，滇南区域的昆玉、玉元、元磨高速公路，滇东南的平锁、砚平、富砚、罗富高速公路，滇西区域的昆安、安楚、楚大、大保、保龙等高速公路以及滇东、北区域的昆嵩、曲嵩、曲胜、嵩待、昭待公路实现区域联网收费。

2012 年年底，全省各区域高速公路实现了联网收费，市民持一卡可通行全省高速。

2014 年 1 月，全省高速路通行费拆分结算指令由省高速公路联网管理中心发布，标志着云南全面实现高速公路通行费统一清分结算。全省高速路通行费统一拆分结算，实现统一管理。

2014 年 8 月 30 日，南连接线高速公路通车，将滇西、滇南、滇东南、滇东北各区域联通，实现全省联网收费。按照交通运输部的相关要求，实现 ETC 电子不停车收费占总收费 60% 的目标。

② 2015 年至今已实现全国联网收费。

自 2015 年云南启动 ETC 全国联网工作后，同年 7 月与 18 个省(区市)实现联网，同年 9 月与 29 个省(区市)实现联网。

2018 年 7 月，云南公路联网收费管理有限公司成立，主要负责全省清分结算系统、电子收费运营服务系统的建设、管理和升级维护，承担 ETC 全国联网和全省联网收费车辆通行费的清分结算；开展全省 ETC 业务的发行、运营和拓展等工作。

2019 年 5 月，党中央和国务院作出了深化收费公路制度改革，取消高速公路省界收费站的重大决策部署。认真贯彻落实深化收费公路制度改革，克服了系统建设任务重、工期紧、系统复杂难度高等诸多困难，通过了交通运输部全网复检工作验收，如期完成了取消省界收费站"攻坚战"，全省 ETC 车道、ETC 设备从车型到数量都得到大范围的覆盖和提高。

2020 年 1 月 1 日,全国高速公路取消省界站实现并网收费,云南省共取消 9 个省界收费站,建立 ETC 门架 839 个,实现 ETC 车道 1 950 条,为全国运行“一张网”、车辆通行“一卡通”作出了贡献。目前,全省已经实现了收费密钥、收费软件、运营规范、运维规则监督考核、ETC 发行及收费稽查的统一,收费管理“一张网”为全行业实现一体化运营管理提供了良好基础。

(2)全省收费管理模式

2018 年经云南省人民政府批准,云南省交通运输厅授权,联网公司作为全省高速公路联网收费运营服务主体,承担运营管理辖区内高速公路联网收费中心、ETC 发行及售后服务工作。

①负责云南省收费公路联网收费清分结算系统和电子收费运营服务系统的建设、管理和升级维护并确保其安全运行。

②负责云南省联网收费公路车辆通行费的清分结算,处理有关 ETC 全国联网的清分结算等事宜。

③负责对收费公路经营管理单位提供车辆通行费收入结算、拆分清算相关数据查询和业务培训等服务。

④对收入结算、拆分清算等争议,进行调查核实并依据核实情况和有关规定协调处理。

⑤负责按照甲方的要求对新建路段和关键系统设备进行入网检测,做好新建路段通车前的相关准备服务工作。

⑥负责对卡签进行应用发行,并对全省路网内的通行卡进行调拨管理;负责全省 ETC 客服网点的建设、管理和维护。

⑦负责 ETC 的发行(包括与第三方合作发行)、管理、服务及附属业务的开发拓展等。

(3)收费管理体系制度

收费管理,由云南省交通运输厅征费办公室负责全省高速公路收费工作的政府行业管理,联网公司负责全省及涉及其他省区高速公路联网云南省收费业务及拆分工作。

云南省收费公路分政府还贷性收费公路和经营性收费公路。政府还贷收费公路是指由政府出资、以收费权抵押、贷款修建的收费公路,收费期限最长不得超过 15 年,国家确定的中西部地区的政府还贷公路最长不得超过 20 年;经营性收费公路是指由拥有特许经营权(通过投资,由政府批准获得公路收费权的法人单位或股份公司),以经营收费为目的而建设的高速公路,收费期限最长不得超过 25 年,国家确定的中西部地区的经营性公路最长不得超过 30 年。

云南省交通运输厅征费办作为全省公路通行费收费工作的政府管理部门,从二级公路收费到高速公路收费,根据各个不同的历史时期,制定了相关的法规制度。作为占全省高速公路主导地位的云南省公路投资公司(云南交投集团前身)成立后,通过废、改、立新增了《高速公路联网收费管理办法》《车辆通行费、通行费票据、IC 卡管理规定》《收费、监控通信系统维修维护管理办法》《收费、监控、通信系统安全运营管理规定》《绿通车查验实施管理办法》等 200 余个规范性文件,建立健全了政策法规、收费标准及批复、管理制度、绿通政策执行、政务公开、票据和数据管理、联网收费及技术应用、收费服务八个方面制度化,规范化和标准化的管理体系,保障了征费管理工作平稳、有序、健康可持续发展。

2. 云南高速公路养护管理

（1）全省养护管理历程

高速公路建成通车后，运营管理成为充分发挥高速公路作用的重要保障环节。云南省养护管理经过三个主要阶段：

① 1991—2005 年，主要由高等级公路管理机构负责全省养护管理工作。

1991 年云南成立了第一个高等级公路管理机构（昆明高等级公路管理段），隶属省公路局昆明公路管理总段领导，负责养护、收费和路政管理三项工作。此后，随着全省高等级公路里程的迅速增加，省公路局下属的一些管理总段也相继成立了高管段（含收费站、养护工区和路政大队）。

2001 年省交通厅组建了云南昆瑞、昆磨、东部三个高速公路公司，负责全省大部分高速公路的养护管理工作。

2004 年，制定出台了三大高速公路公司管理暂行规定，强化了规范管理，为进一步确立三大公司的法人实体和市场主体地位打下了基础。随后又组建了曲陆高速公路公司、昆玉高速公路公司、石安高速公路经营管理公司和昆明、楚雄、大理、曲靖、开远、思茅（普洱）、景洪高管段等 16 个高等级公路管理机构。在此阶段内云南高速公路养护管理是由政府统一管理，在计划经济条件下形成的政府统贷统还公路投资体系的弊病日益凸显，由于政企、政事、政资不分造成的公路投资体系不顺，机制不活等问题，造成当时公路建设融资困难、运营管理片区化管理影响了公路建设可持续发展。

② 2006—2016 年，云南省成立了两个投资公司通过市场化运作方式，承担高速公路运营管理业务。

为加快云南省高等级公路建设，按照转变职能、区分性质、搭建平台、统一运管的原则，云南省人民政府于 2006 年 5 月成立了云南省公路开发投资有限公司（现云南交投集团）作为政策性的投融资平台，是收费公路建设、管理、经营的主体和政府性资金资本化运作的实体。云南交投集团成立初期，云南大部分高速公路都属于云南交投集团管理，养护工作主要是延续原三大公司的路段管理处和养护施工力量来实施养护生产管理。

服务“一带一路”倡议、长江经济带和面向南亚东南亚辐射中心等国家战略，按照云南省委、省政府决定实施云南综合交通建设“5 年大会战”和“十三五”公路水路规划确定的建设目标任务，为拓展筹融资渠道，加快推进全省非收费公路和国家高速公路 PPP 项目，省政府批准成立云南省交通发展投资有限责任公司（简称省交发公司）。

③ 2017 年至今，高速公路运营管理主体多元化。

2017 年至今，随着云南高速公路的跨越式发展，高速公路运营管理主体更加多元化，涉及 103 个收费公路经营公司（近五年新增 40 余个），且 98.3% 的高速公路为各企业主体投资建设，形成多元化企业投资主体、多元化企业经营的现状，较难用统一的强制规定进行标准规范。

（2）全省养护运营管理模式

全省高速公路运营管理主要通过对外委托和自行养护两种管理模式开展工作。

对外委托模式。由专门的运营公司按照营运管理和维护委托协议书的养护管理范围开展缺陷责任期以外的预防养护、修复养护和应急养护。运营公司根据公路技术状况评定情况确定具体的大修、中修、专项养护时间和次数，上报各高速公路项目公司审批后执行，确保项目营运安全通畅。养护主要采用业务外包模式,委托各专业单位承担养护维修工作。

自行养护模式。主要是指部分高速公路公司自身具备养护队伍,并由其完成高速公路的养护施工的任务。这种模式的管理单位和建设单位往往属于同一单位,在将建设任务完成之后,建设单位会直接转化为管理单位,与之对应的施工队伍也会逐渐转变为养护队伍。

截至2022年10月,投资公司控股、牵头、代管及集团公司授权管理的通车运营道路(含分段通车路段)共34个,收费里程2 202.259 km。按照集团公司对投资公司、管理处和项目公司的功能职能定位,投资公司所属的34个高速公路运营项目均采用委托的方式,在签订收费公路委托运营管理合同及相关施工、监理、检测及设计三方合同后,项目公司将其所属道路的运管管理全部内容(包括但不限于通行费征收、养护、安全、规范运营、文明服务、路产路权维护、服务区监督及管理、公路范围内的预警、预防、预报、突发事件、自然灾害的抢险保通等运营管理工作及沿线服务设施服务质量及安全生产的监督管理)委托给集团公司,具体业务由相对应的管理处承接。在委托费用核算上,目前根据集团公司相关标准及规定按照养护、征管、人员、公用费用进行核算后,由投资公司履行股东权利,与其他股东形成股东会决议后,确定委托运管单位及费用。

(3)养护管理制度体系

云南省交通厅结合云南公路养护的实际,建立健全了一系列长效管理机制,为公路养护管理工作的开展奠定了良好的基础。根据有关法律法规和规范分别制定了《云南公路养护工程管理实施办法》《云南省公路桥梁养护管理工作规定》《云南高等级公路养护、维护管理检查考核办法》《云南公路养护工程质量监督管理办法》《云南省公路路面预防性养护技术指南》《云南省高速公路服务区建设、改造与经营管理暂行办法》《云南省高速公路联网收费技术要求》《云南省交通厅路政管理工作考核办法》《云南省交通厅路政管理工作量化考核标准》《云南省人民政府关于加强非法超限超载车辆治理工作的实施意见》等一批公路养护、收费管理、路政管理、治超等方面的管理制度和办法,使公路养护管理工作有法可依、有章可循,行业管理的规范化、科学化水平大幅提升。

云南省交通运输厅每年安排500万元专项资金,对高速公路、干线公路桥梁技术状况、隧道机电系统和通信、收费、监控系统的设备完好率进行复核检测。同时,在全省实行公路养护和沿线服务设施管理社会公示制度,通过社会和群众监督,促使公路运营管理单位认真做好公路养护工作。不断加强对高速公路养护管理的行业监管工作,加大行业管理和指导的力度。坚持定期和不定期对公路养护管理单位的养护、收费、路政管理等工作情况进行检查、考核,奖优罚劣,及时整改存在的问题。

通过上述办法和措施,云南省行业监管能力进一步提高,公路管理、经营单位养好管好公路的社会责任感和紧迫感明显增强。

3. 云南高速公路服务区管理

(1)全省服务区经营管理历程

云南省服务区运营管理以2006年为界限,大致可以分为两个主要阶段。

① 2006年以前:单一依托"线内"资源。

在云南高速公路建设的初期阶段,由于绝大多数的高速公路运营单位主要任务是承担政府高速公路建设、运营工作,虽然对高速公路的沿线资源和开发优势有一些粗浅的考虑,比如,综合开发公路沿线的土地资源、交通网络、管线布设基础、出行流量等涉及交通的合作项目，但受体制、资金、土地等政策条件的限制，在依托路网优势、资产优势等的综合开发利用上起步较晚，走得不远，形成单一依托“线内”资源的格局。从高速公路公司结合道路优势研究自身发展的思路上展开不够，丧失了一些机遇，一定程度上制约了高速公路经营企业对沿线资源的利用及开发。

② 2006 年至今：逐步做大做强路域经济。

2006 年云南省公路投资公司（现云南交投集团）成立后，不断探索路域经济开发，先后由云岭公司属地管理处实施路域经济的开发工作，因采取的经营模式主要是以租代管的租赁模式，导致经营业态单一、经营效益低，企业发展成效不明显。根据云南交投集团“强主业、壮辅业、创新业、业业皆好”的发展思路，做大做强路域经济，实现公司可持续、跨越式发展的战略目标，云南交投集团对原来的经营模式实施了改革创新，于 2015 年成立了云南公投经营集团，由经营集团对公司所属全线资源、资产进行统筹规划、合理布局、综合开发，以最大限度整合利用资源，发挥资源、资产的规模化效益，获取最大经营效益。

（2）全省服务区经营管理模式

租赁经营。将服务区部分经营场所或设施租赁给乙方，由乙方完成经营管理，乙方按合同约定缴纳租金，此种模式管理难度小，收入甚微但稳定，经营规模大小不能掌控，文明服务质量难以保证。

合作经营。对于难度大的经营项目，引进品牌，与专业公司合作，利用专业公司有效的经营管理突出服务区的特色服务，此种模式利润丰厚，形象工程好，服务质量高，是目前最有效的一种经营模式。

自主经营。由运营业主投资、招收员工、独立经营，此种模式管理难度大，使用人员多，企业经营负担重，但如果经营得当，获取的利润较为丰厚。

二、运管主体

1. 业主单位分析

截至 2023 年 10 月底，云南省 103 个高速公路经营单位，其中云南省交通投资建设集团有限公司下属 36 个经营单位占比 36%，云南基础建设投资有限公司下属 15 个经营单位占比 15%，昭通市高速公路投资发展有限公司下属 8 个经营单位占比 8%，其余投资管理经营主体均下属 1 ~ 4 个经营单位。

2. 养护里程分析

截至 2023 年 10 月底，云南省交通投资建设集团有限公司下属经营单位养护管理规模占比 62%，云南基础建设投资有限公司下属经营单位养护管理规模占比 10%，其余股东方下属经营单位养护管理规模占比 0. 07% ~ 5%，其他公司下属经营单位养护管理规模占比 28%。

三、管理特点

云南省高速公路以经营性高速公路为主，运营管理主体多元，难以采用非市场化的方式对全省高速公路运营管理主体进行统一。目前云南省内高速公路投资建设运营主要采取 PPP、BOT、股权合作等多种方式，103 个收费公路经营公司，呈现多元化投资主体、多元化企业经营的特点。据统计,云南省98%的高速公路为各企业主体投资建设,这些不同投资主体运营的高速公路由于建设成本、投资回报率要求、运营管理投入、管理能力等方面差距较大,导致云南省不同投资主体投资建设的高速公路运营管理效果存在显著差异。

第三节 “互联共享”一体化运营管理的建议

一、典型省份经验借鉴

近几十年,我国对高速公路进行了系统规划和建设,极大地促进了国民经济和社会发展。与此同时,由于高速公路项目运营的复杂性、系统性、技术密集性和社会性,导致高速公路运营面临越来越多的问题,如高速公路建设呈现投资主体多元化和融资方式多样化,运营期存在“一路一公司”情况,运营养护标准不统一,政府协同管理困难,最优化的管理模式研究还不太成熟;PPP模式下高速公路建设项目呈现重建设轻运营等。如何经营管理好高速公路已经成为十分重要的现实问题,近年来国内一些省市的交通投资集团或者高速公路经营单位都在积极探索高速公路一体化运营管理,但是由于路段差别、地域不同、管理体系差异等,相关实践案例属于小范围尝试,尚未形成成熟稳定、可复制、可推广的有效实践路径。

1. 福建省:突出省级统筹

福建省依托福建高速集团构建全省高速公路统一运营管理平台、形成了“福建高速”的统一品牌,对提升路网运营管理水平和服务质量发挥了积极的作用。

2002年,福建省政府首次明确全省高速公路建成通车后由省级统一管理,实行“一市一公司”模式。2018年,福建省交通运输厅印发《福建省高速公路运营管理办法》要求,继续坚持完善“省市共建,建设以市为主,运营全省统一”高速公路管理体制,由省高速公路建设总指挥部(省高速公路集团)统一负责全省高速公路的建设、运营和管理具体工作;省高速公路集团公司通过股权重组,按照“一市一实体”建立各地市统一运营的主体,加强区域资产管理统筹,减少内部耗损。

2017年,福建省高速公路集团在漳州试点“一市一实体公司”整合改革,将漳州市漳诏高速公路有限公司和漳州市厦漳高速公路有限公司等八个项目公司整合成福建省漳州高速公路有限公司,将“一项目一公司”转变为“多项目一公司”“建设与运营管理并重”的组织结构。

2. 浙江省:打造统一运营管理平台

2020年8月,浙江省交通投资集团有限公司开展高速公路运营体制改革,整合杭金衢分公司、金丽温公司及台州区域高速公路运营力量,打造形成新的专业化运营管理平台,由浙江交投高速公路运营管理有限公司作为该平台运营主体。

浙高运公司作为高速公路运营管理平台,主要从事高速公路运营收费、监控指挥、清障施救、机电养护等运营管理,除负责经营性高速公路的管理外,还肩负着政府还贷高速公路平台建设功能。公司按照“一套人马,多块牌子”的受托管理原则,目前托管19条高速公路,托管总里程达1 939 km,其中龙庆龙浦高速、文泰高速、杭新景高速、乐清湾大桥、建金高速、杭州绕城西复线杭绍段、景文高速等政府还贷项目共501 km。全线共有161个收费站点(区分主副站),服务区36对,停车区9对。公司管辖路段全线隧道374座,总长795 177单洞延米,占管辖里程的 20. 6%,占集团隧道总里程的 91. 4%。

二、一体化运营管理建议

1. 逐步引导主体统一,提升行业服务水平

参照浙江经验,打造统一的运营管理平台,打响专业化的运营养护管理品牌,支持打造专业化的运营养护管理主体,输出标准化的经验和做法,打破“段、线、片区”为单位的传统管理模式,实现多元化投资、一元化运营。在省政府支撑和市场化委托运营的基础上,实现新建成的政府还贷高速公路,可委托省内现有成熟的高速公路经营管理企业进行管理;现有高速公路运营管理主体、新建成的社会资本投资的高速公路,可通过市场化的方式,与省内现有成熟的高速公路经营管理企业签订委托管理协议,统一派驻运营管理人员等,实现全省管理主体的统一。

2. 统一运营管理标准,提升行业管理水平

参照广东省、福建省、山西省、浙江省、湖北省、广西壮族自治区、吉林省等经验,建议省政府出台《高速公路运营管理办法》。通过政策进一步理顺云南省高速公路运营管理体制,提升高速公路通行效率和服务水平。

研究推进运营管理服务标准化。借鉴福建省、山西省、浙江省等省份做法,依托交投集团等省属企业的实践经验,研究出台高速公路运营管理的统一规范,完善运营管理标准体系,提升高速公路通行效率和服务水平。通过制定完善的标准,重点包括收费管理标准、养护管理标准、服务区管理标准等,更好地规范道路运营管理,确保道路的安全和顺畅。

以标准化为手段支撑,推进运营管理一体化。客观分析云南省高速公路运营管理现状、特点及需求,结合国家及交通运输部相关要求、先进省份典型经验,科学提出建立云南省高速公路运营管理标准化体系的内涵、总体思路,按照全省高速公路一体化运营管理的思路,统一管理要求,统一资源配置、统一管理制度、统一标识标准、统一示范创建、统一路警联动。

通过这些措施的实施,更好地协调各个部门的工作,提高管理效率,为广大道路使用者提供更加高效的服务。

3. 统一整合各方资源,发挥高速公路综合效益

改变投资管理主体多元化导致的互相封锁、重复建设,统筹考虑高速公路养护资源、应急资源、收费管理资源使用,结合公路线网特征实现力量再布局、资源再整合、流程再优化。破除路域范围内的各种封闭小市场、自我小循环,把“整合”两字贯穿到每个掣肘环节,树立“做大蛋糕”的思维,协同联动各方构建路域资源综合开发的新发展格局。通过高速公路运营养护的专业化、一体化发展,有效促进社会效益和经济效益双提升。

4. 以平台建设为技术支撑,推进资源和信息一体化

充分发挥联网公司汇聚全省通行数据的天然优势,汇聚各主体管理部门、企业、用户等各方信息,指导网络内的建设、收费、养护、应急救援、交通流量监控等活动,打造统一的高速公路网络化运营管理资源与交通信息平台。实时向使用者提供交通信息、天气、路上服务、路径引导等服务,解决各管理主体管理系统不兼容的问题,实现高速公路规划、建设、收费、养护、路产路权保护、交通救援、生活服务、交通监控的信息化和智能化管理,用综合性大数据为管理决策提供科学依据的同时,方便用户出行。

第四节　打造省级高速公路运营管理平台的工作思考

目前,全国实施高速公路统一运营管理的省份仍在少数,且以政府还贷高速公路为主体,但是其能够产生的社会效益和经济效益,以及统一运营与公路投融资之间的关系都值得进一步探索和研究。本着自愿市场化原则,充分发挥省属高速公路企业作用,在依法保障各方企业投资主体的合法权益的前提条件下,按照“123”思路统领,即把握一个重点、推进两个试点、分三步推进,为统一全省高速公路运营管理、打造省级高速公路运营管理平台积累经验。

一、把握一个重点

结合云南高速公路运营管理的实际,打造省级高速公路运营管理平台。统一运营管理需要通过依法依规的市场化方式进行推进,由各企业投资主体之间采取市场化协议等方式对高速公路进行委托运营管理。因此,对于省级高速公路运营管理平台,要重点提高运营管理效益,确保运营管理成效,为社会提供性价比最优的公共服务产品,为通过市场化方式推进全省高速公路运营管理的统一奠定基础。

二、推进两个试点

研究探索推进两个试点,为统一全省高速公路运营管理提供试点经验。

(1)开展高速公路运营管理标准化试点,为高速公路运营管理规范化、精细化提供试点经验。

目前,全省高速公路运营管理各项工作主要依据交通运输部、省委省政府及云南省交通运输厅制定的规范标准及技术规程开展,可考虑在省属企业高速公路运营管理经验基础上,研究推进高速公路运营管理标准化,开展运营管理标准化体系设计,分步骤、分领域开展运营管理标准化,并形成高速公路运营管理标准化系列手册(企业标准),为推进全省高速公路运营管理规范化、精细化提供试点经验。重点考虑构建涵盖云南高速公路综合管理标准化、基础设施标准化、收费管理标准化、路政管理标准化、养护管理标准化、服务区管理标准化、机电与信息管理标准化、公共服务标准化、综合协调标准化等方面的分项具体化标准措施。

(2)探索研究高速公路运营成效评价方法及激励约束机制,并在高速公路部分路段中率先开展试点,为加强全省高速公路运营管理综合考评提供实践经验。

由于云南省内高速公路经营主体多元、分散,这些不同投资主体高速公路由于建设成本、投资回报率要求、运营管理成本、管理能力、运营投入等方面差距较大,导致各高速公路的投资、建设及经营管理成本和运营效果存在差异。因此,建议探索研究高速公路运营成效评价方法及激励约束机制,并在省属高速公路企业中率先进行试点,为加强全省高速公路运营管理奠定基础。

三、分三步推进

以市场化方式路径为重点,分三步推进全省高速公路一体化运营管理。

(1)以省属相关企业为基础打造省级高速公路运营管理平台,并以其运营管理的高速公路为载体进行运营管理技术和能力的总结提升，形成可复制、可推广的组织管理流程和措施。

(2)在前述基础上，向所有参股项目进行运营管理业务的全覆盖推广，并进一步总结在多股东、多投资人的条件下，如何统一高速公路运营管理的经验。通过市场化协议等方式将路段委托运营管理，路段委托后，各经营单位无须建立相关的管理机构，只需按期支付托管费即可。

(3)条件成熟时，向所有其他通过市场化方式取得高速公路经营权的其他投资主体进行运营管理业务的推广。重点关注云南省国企和央企作为投资主体的经营公司，各企业投资主体之间采取市场化协议等方式，将其他业主单位管辖的路段委托给省级高速公路运营管理平台统一运营管理，路段委托后，按期支付托管费，不建立相关的管理机构。

通过这些努力，可以推动云南省高速公路运营管理的一体化，提高高速公路运营和管理效率，减少管理成本，提高高速公路服务的质量。

参 考 文 献

[1] 王玉林. A高速公路公司运营管理优化研究[D]. 重庆:重庆工商大学,2021.
[2] 赵丽. 京秦高速公路运营管理问题研究[D]. 秦皇岛:燕山大学,2022.
[3] 张娜,常迪,王思爽. 全国省级交通投资集团发展趋势研究[J]. 交通财会,2023(8):72-82.
[4] 云南省交通运输厅. 云南高速公路建设实录[M]. 北京:人民交通出版社,2018.
[5] 邝思芹,段明磊,张继元. 云南高速公路一体化运营管理探索[J]. 中国公路,2023(9):64-67.